A CIÊNCIA DO SUCESSO

A CIÊNCIA DO SUCESSO

Sandra Anne Taylor

Tradução
Bárbara Guimarães Arányi

LAROUSSE

Título original: *Quantum Success*

Originalmente publicada em 2006 por Hay House Inc., EUA.

Direção editorial Soraia Luana Reis
Editor assistente Isney Savoy
Assistência editorial Leila Toriyama
Coordenação Estúdio Sabiá
Preparação de texto Hebe Lucas
Revisão Ceci Meira e Valéria Sanalios
Diagramação e projeto gráfico Pólen Editorial
Capa Sart/Dreamaker Brand & Design
Gerente de produção Fernando Borsetti

Dados Internacionais de Catalogação na Publicação (CIP)
(Câmara Brasileira do Livro, SP, Brasil)

Taylor, Sandra Anne
A ciência do sucesso / Sandra Anne Taylor ; [tradução Bárbara Guimarães Arányi]. – São Paulo : Larousse do Brasil, 2007.

Título original: Quantum success
ISBN 978-85-7635-226-6

1. Autoconhecimento – Teoria 2. Felicidade 3. Saúde 4. Teoria quântica I. Título.

07-3331 CDD-158

Índices para catálogo sistemático:
1. Sucesso : Psicologia aplicada 158

1ª edição brasileira: 2007

Direitos de edição em língua portuguesa, para o Brasil, adquiridos por
Larousse do Brasil Participações Ltda.
Rua Afonso Brás, 473, 16º andar – São Paulo/SP – CEP 04511-011
Tel. (11) 3044-1515 – Fax (11) 3044-3437
E-mail: info@larousse.com.br
Site: www.larousse.com.br

Para minhas filhas maravilhosas,
Vica e Jenyaa Taylor.
Sua risada é a música do sucesso para mim.

SUMÁRIO

INTRODUÇÃO

Contagem regressiva para o sucesso

Tudo mudou para mim quando conheci a física quântica, 20 anos atrás. Os princípios de energia e consciência abriram meus olhos para um mundo de possibilidades. Desde aquele momento tenho compartilhado essas idéias com pessoas de todo o mundo, de todas as classes. Elas descobriram, como eu, que os padrões do mundo natural podem ser aplicados a qualquer situação, e causar resultados incríveis.

Essa ciência liberta, pois dá a *você* o controle sobre o seu futuro. E fortalece, pois permite que você determine a direção do seu destino. Não importa o que possa ter vivenciado no passado, quando aprender a lidar com essas incríveis forças universais, alcançará a real fonte do sucesso.

Ciência

A maioria das pessoas acredita que as circunstâncias de sua vida são determinadas de forma aleatória e incontrolável. Mas essa idéia não representa corretamente a realidade, e nos priva de qualquer poder. A verdade é que nossas experiências de vida estão ligadas à nossa interação com as leis que governam a natureza.

Há vários padrões energéticos no mundo físico, com poderosas aplicações para o gênero humano. A ciência da energia pessoal e os mecanismos da consciência são os dois fatores naturais que mais afetam os resultados de suas metas. Se você empregar ativamente esses elementos em sua vida, obterá mudanças profundas.

Você deve ter ouvido falar que "querer é poder" e "concentrar-se em algo faz com que ele se desenvolva". Embora verdadeiras, essas declarações são consideradas impraticáveis e idealistas. Mas elas de fato abrigam princípios naturais significativos, o que nos leva a olhar mais atentamente a ciência por trás dos conceitos.

Estudiosos de física quântica descobriram que tudo é criado a partir de uma série de vibrações energéticas. O que antes era considerado matéria sólida é, na verdade, composto por energias pulsantes, vibrantes, sobre as quais o desejo e a consciência humana exercem influência. Elas dão forma ao destino de cada indivíduo, assim como ao da espécie. Na realidade, o seu futuro está tomando forma neste momento!

O modo como você *usa* a sua consciência e a sua energia determina os resultados que obterá. Essa verdade é tão poderosa que compreendê-la mudará sua vida. Mesmo sem estar consciente disso, as Leis Universais da Atração já exerciam influência em todos os aspectos de sua existência, incluindo carreira, finanças e relacionamentos.

Deixando o futuro para trás

Muitas pessoas sentem-se em uma roda de moinho: movimentando-se constantemente, mas sem sair do lugar. Estão cansadas de correr do trabalho para casa, de reuniões para encontros, gastando seu tempo em tarefas infindáveis e compromissos insatisfatórios. Pulam de um relacionamento para outro, de um projeto para o próximo, esperando encontrar neles o que desejam. Sentem-se vazias e atadas, e anseiam por ser livres. Querem desesperadamente mudar, mas não sabem como, então continuam repetindo os mesmos padrões.

Se isso soa familiar, anime-se. Você *tem* o poder de criar uma vida diferente. A física quântica mostra que você está no centro de um mundo de poderes e potenciais ilimitados. As Leis Universais podem mudar tudo.

Uso esses princípios em tudo em minha vida. Isso me ajudou a passar de professora do ensino médio a consultora, palestrante internacional e autora. Depois de dois casamentos fracassados, eu havia desistido do amor, mas então decidi aplicar as Leis Universais nisso também. Em um ano havia encontrado meu atual marido, um homem amoroso, bem-humorado, que me apóia e tornou minha vida muito melhor.

Mas talvez a minha experiência mais incrível quanto a esses princípios tenha sido a história de minhas filhas.

Eu e meu marido fomos chamados de loucos por querer adotar duas pré-adolescentes em um orfanato russo. Mas eu conhecia as leis da energia e da consciência, e sabia que se usássemos corretamente os seus poderes atrairíamos as melhores crianças — e assim ocorreu!

Há 20 anos venho falando desses princípios para clientes individuais e em seminários por todo o mundo. E ouvi inúmeros relatos de sucesso vindos de pessoas que aplicaram essas técnicas em suas vidas pessoais e profissionais.

Na Austrália, fui abordada por uma mulher empurrando um carrinho de bebê. Ela me disse que dois anos antes havia participado do meu seminário sobre como atrair o amor, pois estava sozinha e queria muito constituir uma família. Depois de aprender sobre as leis e aplicar as técnicas, ela encontrou o amor. E voltou para agradecer e me mostrar seu bebê.

Costumo receber cartas e *e-mails* de todo o mundo contando histórias semelhantes: pessoas que conseguem promoções no emprego, encontram o amor, iniciam negócios ou constituem família. Algumas relatam até ter perdido peso ou rejuvenescido!

Todas essas pessoas foram fortalecidas pela compreensão da ciência do sucesso. Verificaram por si mesmas que uma mudança na energia e na consciência pode fazer qualquer coisa acontecer. Você também pode usar a força universal e a energia para realizar seus sonhos.

Os seus padrões anteriores de vida talvez o tenham tornado infeliz e desesperançoso. Mas você pode deixar isso para trás. Sua jornada para um futuro novo e feliz começa agora!

Jornada para o sucesso

Uma parte importante de seu autoconhecimento é manter um Diário de Sucesso. A palavra *diário* originalmente é empregada para registros de viagem. Sua busca do sucesso é uma viagem, e os registros escritos o ajudarão a ir do ponto de partida até seu destino. Haverá muitas paradas no caminho, e as anotações podem funcionar como um mapa, mantendo-o na estrada e o direcionando para suas metas.

Nos capítulos deste livro serão dadas várias sugestões do que registrar nesse diário, mas a primeira anotação deve dizer aonde você deseja chegar. Então pare um pouco, agora, para escrever a lista de tudo o que deseja. Tome nota de cada coisa com que sonha, quer seja 1 milhão de reais, uma casa nova, um romance, um aumento ou uma nova carreira. Vá acrescentando coisas à lista cada vez que se lembrar de algo que deseja.

Intenções

Quando completar essa lista inicial, transforme cada item em uma intenção específica. Por exemplo: se quer 1 milhão de reais, escreva: "Quero ser milionário". Se quer romance, escreva: "Quero um parceiro maravilhoso e carinhoso. Estou atraindo um amor real e duradouro". Você verá que uma parte importante de sua jornada será transformar sistematicamente seus desejos em intenções e suas crenças em afirmações.

Esse enfoque também é uma parte fundamental de sua conexão com as Leis Universais. Ele se combinará com sua consciência e sua vibração para gerar influências sobre o seu destino, e você deve investigá-lo sempre. Mesmo se for só o começo de um novo dia, um propósito claro o ajudará a seguir a trilha certa.

Afirmações

No fim de cada capítulo você encontrará algumas afirmações pertinentes. Escolha as que combinam com o que você mais quer, leia-as sempre e inclua algumas frases de auto-reconhecimento, não importa no que esteja trabalhando. Repita as frases em frente ao espelho e tente colocá-las na terceira pessoa. Quando você faz as afirmações em voz alta, as vibrações eletromagnéticas aumentam e o seu poder dobra.

Mude as suas afirmações quando começar a trabalhar em novas questões, acrescentando o que pode ajudá-lo a focar intenções positivas para com você mesmo, suas metas, sua vida. Afirme-se todos os dias e o Universo o abençoará de inúmeras formas.

Mudança rápida

A física quântica demonstra que grandes mudanças energéticas podem ocorrer em um único momento. Isso também se aplica à sua vida: a cada instante você está criando o seu destino. O campo energético está sempre aguardando para responder às suas vibrações, então prepare-se para entrar no futuro com novas ferramentas e mais força.

Chamei este livro de *A ciência do sucesso* não apenas pelos princípios científicos envolvidos, mas por pensar sobre o que o mundo quântico representa. Essa realidade acontece em nível celular, mas os efeitos são amplos, geram impactos em lugares distantes e muitas vezes não observam o tempo linear. Quando você alcançar o *sucesso quântico* vai descobrir que sente a felicidade até nas células do seu corpo e alegria em cada momento.

Este livro é dividido em sete partes, sendo que cada uma tem um capítulo a menos que a anterior. Trata-se de uma contagem regressiva — começando pelas Sete Leis, passando pelos Seis Poderes e chegando ao Único Caminho para o Sucesso — que o impulsionará na busca de seus sonhos.

Então, comece a sua contagem regressiva agora. Faça desses princípios uma parte ativa de sua vida, e seu sucesso decolará como um foguete! Logo você descobrirá que toda a sua vida começará a mudar. Verá que nada é impossível, que sua alma está conectada às forças da criação e que é hora de se abrir para a energia pulsante que dirige o seu destino. Quando você o fizer, descobrirá, como eu descobri, que sua vida foi ainda mais abençoada do que esperava.

PARTE I

As Sete Leis Universais do Sucesso

Você vive em um mundo milagroso. Coisas realmente maravilhosas acontecem à sua volta, e você pode trazer esse encantamento para tudo o que faz e tudo o que quer ter! Se acha que seus desejos têm sido difíceis de alcançar, precisa saber que um mundo de poder e energia está esperando para ajudá-lo a torná-los realidade.

Aquilo que parece bruxaria é, na verdade, o trabalho do mundo energético. O que parece mistério é resultado de padrões científicos. Consciência e energia estão em movimento perpétuo, vibrando dentro de você e à sua volta numa celebração eterna de causa e efeito. A força invisível do Universo não é mais uma referência mística, é uma verdade científica.

Você é uma força para o funcionamento desse mundo, uma consciência criativa que dirige tanto o seu destino como o da humanidade. Quando você controla a energia cósmica dentro de si, alinha-se com as Leis Universais, o que lhe permitirá criar uma incrível fonte de felicidade, sucesso e valor!

CAPÍTULO 1

A Lei da Manifestação

Primeira Lei Universal do Sucesso

"[...] a fonte original é a mente. Tudo tem de começar como uma idéia. Cada fato, cada condição, cada coisa é primeiro uma idéia na mente [...]"

Robert Collier

Os mecanismos de sua mente revelam possibilidades fascinantes — não apenas a capacidade de solucionar problemas complexos e aprender novas informações, mas uma habilidade que transcende a lógica. É o poder de sua consciência, e a fonte da criação de seu destino.

A primeira lei do sucesso, a **Lei da Manifestação**, mostra como as coisas tomam forma. Na física quântica, a consciência cria realidade — e isso também se aplica ao seu mundo pessoal.

A ciência moderna explora muitas teorias sobre realidades geradas pela consciência. Uma é cosmológica — ela diz que nosso mundo é complexo demais para ter alcançado o atual estado de desenvolvimento por meio de uma mera série aleatória de eventos, então deve ser resultado de uma intenção consciente. Outra teoria explora como nossas consciências individuais escolhem uma dentre infinitas possibilidades disponíveis a cada momento. Mesmo a teoria da realidade observada-criada, que se relaciona à medição de partículas e ondas, indica que a intenção e a consciência são forças reais.

A ciência por trás dessas teorias da física quântica é fascinante, mas é a sua realidade *pessoal* que vamos examinar aqui. Pense nisso por um momento: O que você tende a notar em si mesmo? Essas observações são negativas ou positivas? A que tipo de realidade você acha que chegará com base nelas?

Essas questões são significativas, e será proveitoso respondê-las em seu diário. Mas esse é só o começo. Lembre-se: *a sua consciência cria a sua realidade.*

Para entender como, é importante saber o que é a sua "consciência" e de que forma ela atua como uma força criativa em sua vida.

> No tocante à sua vida pessoal, o sucesso – ou a falta dele – se manifesta primeiro em sua consciência. Se você olha em torno de si e vê fracasso e dificuldades, isso é produto de sua mente. Se vê abundância e conquistas, também. A **Lei da Manifestação** é clara: se a sua consciência cria a sua realidade, você não conseguirá manifestar nada que não exista primeiro em sua mente. Não se pode alcançar o sucesso sem antes compreender o que ele é e como você o sente.

O que a sua consciência está criando agora?

A frase "A sua consciência cria o seu destino" não significa que você o faça *conscientemente*.

A maioria das pessoas não tem conhecimento de como gera as situações que enfrenta. Acredita que a vida é uma série aleatória de eventos que em geral não são causados por elas.

Por essa razão, um dos primeiros requisitos da Lei da Manifestação é investigar em que você está se concentrando. As questões a seguir o ajudarão a se familiarizar com esse importante aspecto da criação de seu destino.

Diário para o sucesso

Responda a estas questões em seu diário de sucesso. Revise-as sempre para monitorar a sua consciência criativa.

- De forma geral, em que costuma pensar mais: nas coisas que têm ou nas que lhe faltam?
- Qual é o seu mais importante objetivo profissional? Quanto tempo você gasta diariamente se concentrando no *sucesso* desse objetivo?
- Qual o hábito, padrão ou mesmo dependência predominante em sua vida? Quanto tempo você gasta por dia com isso?
- Você tende a prestar mais atenção aos aspectos positivos de seu dia ou aos problemas que teve? O seu pensamento tende a ser mais negativo ou positivo?

As respostas a essas questões são importantes indicadores do direcionamento de sua consciência. Você tem dentro de si o poder de moldar o seu destino, e está trabalhando nisso neste exato momento. Mas você não poderá construir seus sonhos enquanto não abrir os olhos para suas escolhas.

Tornando-se consciente

Alguma vez você parou para prestar atenção aos seus pensamentos? Com que freqüência você pesa as conseqüências de suas escolhas *antes* de fazê-las? Há pessoas que não têm idéia de por que fazem o que fazem, seguindo por décadas sem tomar consciência da forma como sua vida é conduzida. Chamo essas pessoas de "zumbis", passando pela vida em um estado de entorpecimento. Seguem seus hábitos e reagem sem emoção, fazendo o que é necessário e não mais que isso. Se isso soa familiar, não se preocupe. Você tem o poder de despertar das fileiras dos mortos-vivos. Pode escolher uma consciência mais elevada e clara e alcançar uma vida melhor do que jamais teve ou sonhou.

A consciência é sempre uma escolha. A escolha de despertar para o momento presente, a decisão de ver e priorizar o que é importante, o que dá mais valor à sua vida. Você deve indagar-se sempre: "Em que estou focando minha consciência agora?" E em seguida: "O que essa consciência pode gerar para mim?"

Tenho uma cliente que admitiu gastar a maior parte de seu dia pensando sobre comida — em quando, quanto e no que ia comer. Ganhava e perdia peso, mas estava sempre insatisfeita.

Ela também enfrentava problemas em sua vida profissional. Tinha um trabalho tedioso no qual ganhava apenas o suficiente para sobreviver, e fazia alguns "bicos" escrevendo. Seus problemas não mudariam enquanto não começasse a se concentrar mais na carreira que na comida.

Nós trabalhamos em superar a obsessão e criar uma abordagem sã da comida. Ela começou a se auto-aceitar com qualquer peso, e também desenvolveu consciência sobre as prioridades de sua carreira. Sempre que pensava em comida, substituía isso por algum pensamento positivo ou ação específica em relação à sua carreira. Isso alterou seu foco e sua motivação, e era tudo de que ela precisava para ter resultados. Acabou não apenas perdendo peso, como também tendo tanto sucesso em seus "bicos" de escritora que pôde largar o seu emprego e ganhar o dobro fazendo algo que adorava.

Você também pode assumir o controle de seu destino. Para alterar sua consciência criativa, você tem de estar mais voltado para os aspectos positivos que para os negativos —e para seus valores e prioridades. Concentre-se no que já tem, e no que quer atrair. Tome iniciativas direcionadas para suas metas; não se perca em distrações.

Afirmações para acentuar a manifestação

- Torno-me cada dia mais consciente de minhas prioridades e das coisas em que me concentro. Priorizo minhas metas.
- Escolho ser mais atento ao que devo valorizar em minha vida.
- Estou consciente da minha versatilidade e criatividade, e também da minha força para criar um novo destino.

CAPÍTULO 2

A Lei do Magnetismo

Segunda Lei Universal do Sucesso

"Todas as pessoas são cercadas por uma atmosfera de pensamentos [...] Por meio dessa força podemos tanto atrair como repelir. E atraímos aquilo que temos na mente."

Ernest Holmes

A primeira Lei do Sucesso diz respeito ao que você *cria* e ao poder de sua consciência, e a segunda, a Lei do Magnetismo, ao que você *atrai*, e ao poder de sua energia. Juntas, essas duas forças têm um grande impacto em seu destino.

Há muitos padrões energéticos atuando no mundo de hoje. Forças invisíveis têm resultados reais e previsíveis. Por exemplo, se você aperta um botão em um controle remoto, um sinal será mandado para um receptador e uma imagem se formará na televisão, transmitida por uma fonte de longa distância. E microondas cozinham, sensores garantem segurança, *lasers* removem tumores...

A lista de formas pelas quais os homens modernos têm utilizado energia é quase infindável. E as influências não são limitadas à medicina, às comunicações e à tecnologia; os empregos da energia universal têm impacto sobre todos nós, de maneiras que a maioria das pessoas desconhece.

A **Lei do Magnetismo** diz que só podemos atrair o tipo de energia que temos dentro de nós. Ela se baseia no princípio da física quântica de que tudo – incluindo todas as pessoas – projeta forças. O Universo é cheio de vibrações que os cientistas chamam de cadeias de energia. Mesmo de forma inconsciente, cada um de nós é parte de uma vasta troca e expansão dessa força presente no Universo.

Nossa energia pessoal sai de nós e se conecta com outras do mesmo padrão vibratório, determinando quem e o que atraímos para nossas vidas. Somos como estações de rádio emitindo sinais. As pessoas que combinarem com esses sinais serão as que se sintonizarão em nós e participarão de nossa vida. O que chamamos de *química* é mais uma ressonância, sinais e vibrações pessoais semelhantes. Então, se você deseja sucesso, será importante entender que energia está criando, e o que ela está lhe trazendo.

Cartão de visita energético

Antigamente, os cartões de visita eram usados para anunciar a chegada de um visitante ou amigo, e cartas de apresentação eram enviadas para ajudar alguém a se introduzir em um grupo da sociedade.

A vibração pessoal funciona da mesma forma. Sua energia manda mensagens sobre você para as pessoas com quem vai interagir, muito antes de isso ocorrer. Ela revela aquela parte de você que as pessoas relacionam a um nível inconsciente, mas muito significativo: sua natureza energética. Se você não gosta do que tem atraído para si, terá de mudar os dados de seu cartão de visita energético.

Sua vibração pessoal é gerada basicamente de três formas:

1. Energia emocional — as vibrações de seus sentimentos
2. Energia cognitiva — as vibrações de seus pensamentos
3. Energia física — as vibrações de seu corpo

Vamos olhar mais de perto as duas primeiras formas da lista.

Transmissão emocional

A vibração emocional é a sua expressão mais poderosa. Seus sentimentos transmitem sinais claros de quem você é e do que espera do mundo. Se sempre sente medo, vai projetar isso e atrair mais situações que o amedrontarão. Se a raiva é predominante, você emitirá sinais de que espera por hostilidade — e será exatamente isso que obterá.

Mas, se você escolhe uma atitude mais leve e feliz, transmite a mensagem de que espera que o mundo seja um lugar agradável, e tanto sua energia como sua expectativa trarão isso para você. Se tiver sentimentos de confiança e paz, emitirá uma vibração magnética que trará ainda mais serenidade, pois o que você emite sempre volta para você.

Quanto mais carregada emocionalmente uma experiência ou questão for, mais força gerará. Por essa razão, uma mudança para sentimentos mais positivos é o requisito básico da Lei do Magnetismo.

Mas de onde vêm as emoções? Todas as experiências emocionais, sejam elas de raiva ou amor, sofrimento ou alegria, depressão ou empolgação, têm como origem o pensamento.

O pensamento é fundamental

A segunda forma de projetar a sua energia no mundo é por meio de sua força cognitiva. Seus pensamentos estão sempre emitindo mensagens vibracionais no seu campo energético. E, como neles também está a fonte de sua energia emocional, são duplamente importantes em sua busca por sucesso.

Pensamentos confiantes geram sentimentos de esperança, ao passo que os de inadequação geram desespero. Os resultados que você está buscando só podem vir de emoções tranqüilas e pensamentos positivos.

Se você é como a maioria das pessoas, o processo do pensamento pode lhe parecer mais aleatório que espontâneo, algo que você vivencia, mas não controla. Mas, se achar que falta algo em sua vida, o Universo está lhe dizendo para assumir o controle de seus pensamentos!

A maior parte dos pensamentos negativos baseia-se em três medos:

1. Medo do futuro
2. Medo da rejeição
3. Medo do fracasso

O medo do futuro vai desde temores de que algo possa dar errado a fortes antecipações de catástrofes pessoais, com pensamentos como "E se a reunião não correr bem?" ou "E se eu ficar doente e morrer?"

O medo da rejeição abrange desde preocupações persistentes quanto a ser julgado até o pânico de ser abandonado. Pessoas que têm esse tipo de pensamento são, em geral, muito autocríticas e chegam a ter raiva de si mesmas.

Pensamentos como "Não sou bom o suficiente", "Não sou capaz/digno" invariavelmente levam a medos como "E se o meu cônjuge me deixar?" ou "E se eu for demitido?"

Todos os medos são tóxicos para a energia de conquista, então é inevitável que o medo de fracassar crie a energia de uma profecia que se cumprirá.

Esses pensamentos negativos são o maior obstáculo para a felicidade genuína, pois destroem o otimismo e causam preocupação e frustração, duas vibrações péssimas que atrairão péssimos resultados.

PEE

Você não precisa continuar mantendo velhos padrões. É hora de entender a sua própria conexão de pensamento/emoção/energia. O que chamo de equação PEE representa como se cria o primeiro nível de sua energia, e a fórmula é a seguinte:

Pensamentos + Emoções = Energia

A força de nossos pensamentos dominantes, aliada à força das emoções mais freqüentes e intensas, gera a vibração do campo energético pessoal.

Se você está insatisfeito com o que tem gerado, precisa se esforçar para mudar sua energia. E não se pode mudar a segunda parte de uma equação sem mudar a primeira.

Diário para o sucesso

Para ter uma idéia da criação de seu destino, mantenha registros do seu padrão de pensamento no diário. Quando você coloca no papel as idéias mais recorrentes, descobre que tende a pensar sempre nas mesmas coisas, chegando às mesmas conclusões.

Depois de escrever sobre o que ocupa sua mente, descreva as emoções geradas. Se perceber que a negatividade é a energia predominante, trabalhe para se desvencilhar disso.

Quando sentir uma emoção desagradável, pare e descubra em que estava pensando antes. Então volte à fonte do problema, liberando os pensamentos. Você pode diminuir a força do sentimento com algum exercício físico, respirando fundo e afirmando: *Liberação. Liberação.* Se conseguir, substitua esses pensamentos por outros mais positivos, mas ao menos escolha livrar-se deles.

É extremamente importante se conscientizar das freqüências energéticas que você emite — e que determinarão o que receberá de volta. Isso é fundamental para projetar a energia do sucesso. Você pode mudar as energias negativas a qualquer momento. Se transformar um único pensamento negativo recorrente, já terá feito uma grande mudança em sua energia. E à medida que continuar com essas transformações, tudo ao seu redor mudará, incluindo os resultados que você quer.

Afirmações para um magnetismo dinâmico

- Escolho energizar a minha vida com pensamentos positivos.
- Opto por uma atitude nova e mais otimista sobre mim.
- Estou me tornando mais consciente do tipo de energia que gero.
- Sei que tenho todo o talento e os recursos de que necessito.

CAPÍTULO 3

A Lei do Desejo Puro

Terceira Lei Universal do Sucesso

"Desejo é uma possibilidade em busca de expressão."

Ralph Waldo Emerson

As duas próximas leis são direcionadas por suas intenções ou motivações. Para se alinhar com as poderosas forças da terceira Lei Universal, sua intenção deve ser pura — genuína, saudável e digna, para você e para os outros. Esta lei e a próxima são relativas a *por que* você está indo atrás de suas metas. Se você nunca pensou nisso antes, esta é a hora de analisar por que faz o que faz.

> A **Lei do Desejo Puro** diz que quando você é impulsionado por uma intenção pura – livre de medo, dúvida e desespero – certamente obterá um resultado vantajoso. Libertar-se do medo muda a energia de sua motivação, transformando vibrações negativas e resistentes em positivas e receptivas; e energias de desejo insatisfeito e desespero em esperança e expectativa – dois componentes vitais desta lei.

Motivações baseadas em medo ou cheias de dúvidas só podem criar uma energia sombria em torno de seu desejo. A mensagem que o sinal negativo enviado pelo medo cria é clara: *Sou incapaz. Não sou merecedor. Estou perdido*. Com esse tipo de vibração, as únicas coisas que você pode atrair são situações e pessoas que trarão evidências dolorosas de que as suas conclusões negativas são corretas.

O motor do desejo puro é ligado por uma intenção honesta e digna, mas alimentado por energias de esperança, entusiasmo e convicção.

A esperança lhe confere força. Ela eleva a alma e abre o coração, e é a fonte para o vigor. Sem esperança você não se empolga com seu desejo nem mantém a paixão necessária para seguir em frente quando enfrentar obstáculos.

Empolgação e vigor são como amplificadores, energizando o processo de seu desejo. Mas você não manterá essas emoções se não tiver esperança genuína e convicção de que o seu sonho pode e deve se tornar realidade.

Acalmar intenções conflitantes

As pessoas às vezes têm dois sentimentos muito distintos em relação a seus desejos. Por um lado, querem ter sucesso — a primeira intenção. Por outro, devido a alguma derrota ou falta de confiança, acreditam que isso é impossível. Racionalmente, você expressa: "Eu quero", mas sua energia emocional grita: "Não há esperança! Isso não vai acontecer!" Qual lado o Universo ouvirá?

Suas emoções negativas tendem a ser mais fortes no processo da atração. Quanto mais desesperado você se tornar, mais o Universo terá de honrar sua intenção de manter essas energias negativas em sua vida.

Quando se pegar sentindo-se derrotado, deve buscar reaver a esperança e as convicções. Sem confiança no sucesso, você será tomado pela inércia de energia e atividade que só leva a resultados nulos.

Do desejo ao merecimento

Não basta desejar algo. É preciso saber que você merece isso. Esse é o próximo componente da Lei do Desejo Puro. Para que seus anseios sejam puros, você deve realmente acreditar que merece aquilo que quer.

Seu senso de merecimento normalmente é formado na infância, e se relaciona à forma como você é tratado, se com julgamentos ou elogios, e a quanta aprovação e afeto recebeu quando estava aprendendo quem era. Você mantém vida afora as conclusões a que chegou tempos atrás sobre o que merece e por quê, e essas convicções são uma parte importante do seu processo atual de atração.

Diário para o sucesso

Para entender melhor a real fonte de seus sentimentos de valor e merecimento, responda às questões a seguir em seu diário:

- De que maneiras lhe foi dito — por seus pais ou outras pessoas — que você não era merecedor?
- Você acha que não está à altura, que lhe falta algo? O quê?
- Você acha que precisa *fazer* ou *provar* algo, ou *ser* diferente para se tornar merecedor?

O que as suas respostas revelam? Se dizem que você não é merecedor, saiba que essa não é a *sua* verdade. A sua sensação de desmerecimento veio da realidade, dos medos ou da necessidade de poder de *outras pessoas*, e você não tem de continuar aceitando essa versão da verdade. Seu merecimento não é determinado por quanto dinheiro consegue ter, por seu nível escolar, idade ou peso. Ele é sua herança divina.

> Afirme sempre que você merece o melhor. O seu valor e merecimento são presentes da herança divina, a energia de amor incondicional de seu Pai eterno. E, como vêm dessa fonte, não há condição a ser preenchida, nada que você precise fazer. Como filho de Deus, você sempre será verdadeiramente merecedor das coisas maravilhosas que o Universo tem a oferecer.

Agora é hora de se repensar — e repensar as suas prioridades —, considerando a verdade fundamental de quem somos: filhos amados de Deus. Escreva algumas afirmações libertadoras em seu diário para reverter a negatividade que você revelou quando respondeu às questões passadas, e acrescente afirmações de merecimento incondicional. Deixe de lado as velhas distorções que não correspondem a esse novo entendimento, pois elas são aprisionadoras. Quando você se libertar dessa prisão, estará livre para se desapegar de ainda mais — e apto a receber tudo o que deseja.

Se você quer uma coisa, desapegue-se dela

Isso pode soar como um clichê, mas necessidade ou desespero não o ajudarão a manter nada, apenas criarão limitações energéticas. Livrar-se desses entraves é o primeiro passo para alcançar a maior libertação: o desapego, componente final da Lei do Desejo Puro — o que é consumado pelo ato da renúncia.

Ao fazer isso você não estará desistindo nem da meta nem do desejo. Está renunciando apenas ao apego — sua necessidade desesperada de fazer as coisas acontecerem. É impossível ter um desejo puro quando se está desesperado, pois você estará sendo motivado pelo medo, e não pela confiança. Desapegar-se o tornará confiante, tanto no futuro como em si mesmo.

Afirmações de desejo puro

- Sou uma pessoa digna e de muito valor, e mereço abundância e felicidade.
- Persigo minhas metas para uma vida melhor.
- Eu sei o que quero, sei que posso tê-lo e entusiasmo-me com o futuro brilhante que estou criando para mim.
- Sei que mereço boas coisas e experiências.
- Quando me olho no espelho, afirmo meu valor e merecimento.

CAPÍTULO 4

A Lei da Intenção Paradoxal

Quarta Lei Universal do Sucesso

"O campo quântico é apenas outro rótulo para a consciência pura, ou potencialidade pura. E esse campo quântico é influenciado pela intenção e pelo desejo."

Deepak Chopra

Mesmo sendo a renúncia apenas um dos componentes da Lei do Desejo Puro, ela é o eixo em torno do qual gira a quarta Lei Universal. Esse princípio revela o que acontece quando permitimos que a urgência e a necessidade se tornem nossas maiores motivações. O desejo de sucesso é saudável e natural, mas *o que* nos move a desejá-lo é que determina sua natureza energética.

A confiança é uma vibração tranqüila e que traz resultados; o desespero é uma vibração perturbada e que os impede. De onde vem o medo que às vezes surge em nossa busca do sucesso? Vem de nossa insatisfação com o que temos e somos. Vivemos em uma sociedade em que é preciso *ter*. Ficamos insatisfeitos quando não temos o que queremos e assumimos dívidas, passamos menos tempo com nossas famílias e mais tempo trabalhando, apenas para ter mais e mais.

Mas o que acontece quando estamos desesperados para obter algo? Projetamos uma energia terrível, e nada atraente, porque não apenas nos sentimos insatisfeitos como também privados de algo. Estamos constantemente obcecados com o que nos falta.

O processo continua até o nível do "preciso ter" — e pense na energia que pensamentos tão negativos criam! Você enviará uma energia instável e repulsiva, que o Universo dificilmente poderá responder com algo positivo. Esta é a inflexível verdade da quarta Lei Universal: *Você está fadado a afastar aquilo que deseja desesperadamente*!

> A **Lei da Intenção Paradoxal** reflete a Lei do Magnetismo quando adverte que você só alcançará um retorno de sua própria energia negativa. Se você está desesperado para fazer algo acontecer, essa vibração repulsiva afastará o que deseja, ao afastar as coisas e situações que poderiam ajudá-lo em sua meta. O seu desespero cria o paradoxo de sua intenção original, levando-o ao fracasso em vez de ao sucesso.

O Universo quer que você tenha tudo o que deseja, e quando você se alinhar com as Leis do Sucesso ele fará tudo o que puder para ajudá-lo em sua busca — mas desespero e urgência rompem esse trato. O Universo quer que você aproveite a vida e se envolva com uma vibração diferente e mais elevada *agora* — e pare de esperar por uma vaga felicidade num futuro distante. Livre-se da urgência e do desespero e dedique-se à confiança e à paz.

Não se pode ser feliz vivendo insatisfeito. Quando você está obcecado com o que não tem, atrai ainda mais faltas. Você cria uma lista de metas que acha que tem de alcançar para ser feliz no futuro, e enquanto não as alcança sente-se *infeliz*. Em vez de aproveitar sua vida e dar valor ao que tem, passa o tempo ansiando por mais e se esforçando para consegui-lo.

Esse é um erro muito sério. *Quando você deixa de lado a felicidade no presente para adotar o sofrimento pela incerteza de seu futuro, fecha as portas para sua disposição de receber. Quando escolhe trocar o sentimento de gratidão pela consciência de falta e necessidade, perde o poder de alcançar o sucesso.*

Pense nos sentimentos que surgem quando você está obcecado com o que há de errado em sua vida. Desespero, sofrimento e ansiedade são emoções muito carregadas, e atraem resultados negativos, sabotando o seu sucesso.

Você precisa se dedicar com afinco a detectar *o que* quer sentir *neste momento*, para poder assim magnetizar mais dessa sensação no futuro. Isso se chama treinamento vibratório, e é fundamental para estar em harmonia com esta lei. Pense sobre a gratidão que sentirá quando realizar suas metas, e escolha senti-la em relação ao que você tem em sua vida hoje.

A superação do paradoxo

Muitas pessoas acham difícil deixar a urgência de lado por terem conectado várias emoções ao anseio pelo resultado de seus desejos. Elas têm medo de que seus desejos estejam fora de alcance, e não sabem se suportarão não realizá-los. O pensamento predominante em relação às suas metas é: *Não posso ser feliz sem isso*. E, pensando assim, tornam-se de fato incapazes de alcançar a felicidade.

Foi isso que aconteceu quando tentei publicar meu primeiro livro, *Segredos da atração*. Eu já havia ensinado os princípios da física quântica e da atração do amor para muitos clientes, e quando comecei a fazer seminários a respeito as pessoas me pediam livros sobre aquele tema. Como eu não conhecia nenhum, resolvi escrever.

Preparei um livrinho editado por mim mesma, que comecei a dar para meus clientes e vender nos seminários. Mas as pessoas me perguntavam se poderiam comprá-lo em outros lugares do país, e com esse aumento da demanda decidi procurar uma editora para lançá-lo.

Minha primeira agente estava muito entusiasmada, certa de que conseguiria vender meu livro logo. Mandou-o para as maiores editoras de Nova York, e todas tiveram a mesma reação, rejeitando-o por acreditar ser aquele apenas mais um livro sobre o amor.

Isso me deprimiu, pois eu sabia que não havia nenhum livro que empregasse a física quântica em relação à atração. Todas as semanas eu recebia um novo "não", e fui me desesperando cada vez mais. Depois de 12 rejeições, minha agente disse que não poderia fazer mais nada. Consegui outra agente, que tentou outras 12 editoras, sem sucesso, e também desistiu.

Isso me fez cair em depressão. Mesmo tendo esperança, estava abraçando a crença de que só seria feliz quando publicasse o livro. Estava mergulhada em intenções conflitantes, então o livro não ia a lugar nenhum, e eu me sentia pior a cada dia. E soube que precisava fazer alguma coisa!

Comecei a meditar diariamente, buscando me livrar das intenções paradoxais. Meditei por várias semanas, permitindo-me chorar e me desapegando da necessidade. Com o tempo, fui capaz de renunciar. Resolvi que continuaria oferecendo meu livro às editoras, mas, se tivesse de publicá-lo eu mesma só para vendê-lo nos seminários, o faria com alegria. Perseguiria meu sonho, mas viveria feliz! E parei de chorar, pois tinha de fato me desapegado.

O mais interessante da Lei da Intenção Paradoxal é que se desapegar de fato do desespero é o que gera os resultados — e foi o que me aconteceu. Alguns meses depois de minha renúncia, uma pessoa me sugeriu procurar a editora Hay House. De início descartei a possibilidade, também porque achava que já a haviam procurado. Mas, depois de ver que não, percebi que a idéia me agradava, pois os livros de Louise Hay haviam exercido uma influência dinâmica em épocas difíceis de minha vida. Então resolvi tentar.

O processo levou meses, mas como eu havia me libertado da urgência não fiquei ansiosa. Aliás, até esqueci que havia mandado o livro. E, quando soube que ele tinha sido aceito, fiquei eufórica!

O sonho de publicar meu livro tinha se realizado, mas isso era apenas o começo. Percebi que a Hay House era onde eu deveria estar, pois nossas vibrações combinavam. Com as rejeições, eu havia sido protegida pelo Universo. Nos últimos anos encontrei autores que publicaram pelas editoras que rejeitaram meu livro, e nenhum deles teve o apoio e o cuidado que eu recebi.

Meus livros foram publicados em todo o mundo, e recebi cartas e *e-mails* de pessoas de diversos países contando como os princípios quânticos mudaram sua vida. Essas mensagens significam muito para mim — são a manifestação de um desejo que eu tinha desde os 12 anos. Mas estou convencida de que nada disso teria acontecido se eu não tivesse sido antes rejeitada pelas outras editoras.

Algumas vezes o Universo não nos dá exatamente o que queremos e quando queremos porque há algo melhor a caminho. Um resultado melhor, ou algo mais útil para o nosso crescimento pessoal, algo que nos ajude a aprender a confiar e a nos desapegar.

Em meu caso, todos esses motivos se aplicam. Agora sei que *não* ter sido aceita naquele primeiro ano me levou a um resultado profissional melhor, e principalmente me deu a oportunidade de lidar com minhas próprias questões de urgência e controle.

> A **Lei da Intenção Paradoxal** chama a atenção para o paradoxo latente na conquista pessoal: você conseguirá o que quer se souber que não precisa disso para ser feliz! Assim se muda o foco, de uma intenção desesperada para uma busca tranqüila. Não emita a energia de estar disposto a esperar para ser feliz, apenas a de estar disposto a esperar por sua meta. Persiga suas metas para aumentar a felicidade que você já tem em sua vida, e não porque será infeliz sem elas.

Quando estava tentando publicar meu livro, construí uma rede de necessidades desesperadas sem nem perceber. Meu valor e minha identidade dependiam daquilo, construindo um cenário de resultados catastróficos se eu não conseguisse. Seria o fim de meu sonho de infância, e talvez até de minha felicidade profissional. Mas nada disso era verdade, pois eu podia escolher ser feliz enquanto trabalhava em minha meta.

Tive de lembrar que *o sucesso independe de qualquer fato*. E de retornar à minha intenção pura: escrever para compartilhar informações que eu esperava que pudessem ajudar as pessoas. Nenhuma das outras coisas que pareciam tão importantes realmente o eram, e mesmo assim me foram dadas assim que me desapeguei delas!

Diário para o sucesso

Use seu diário para examinar sua lista de desejos. Responda às questões a seguir para saber quais são as suas verdadeiras intenções.

- Quais são as *necessidades* latentes que podem estar envenenando o seu processo, direcionando sua energia e consciência para o que está faltando em sua vida?
- Qual é o real significado que você está dando à sua meta? Não deixe que ela seja a condição para a sua afirmação, salvação ou felicidade.

Seja paciente, e confie no Divino. Teça seu futuro com energia positiva, consciência criativa e intenções puras, e não com obsessão ou desespero. Quando sua meta principal é viver com otimismo e confiança, seus outros desejos são alcançados.

Afirmações para se libertar da intenção paradoxal

- Sei que o Universo é abundante; tudo o que desejo está disponível para mim.
- Substituo o desespero por paciência, persistência e paz de espírito.
- Desapego-me da falta e escolho ver apenas os valores e as bênçãos de minha vida.
- Substituo a urgência e a necessidade pela confiança. Sei que assim atrairei o que desejo.
- Pratico a arte da renúncia. Eu confio e me desapego.

CAPÍTULO 5

A Lei da Harmonia

Quinta Lei Universal do Sucesso

"Mantenha seus pensamentos e sentimentos em harmonia com suas ações. O modo mais seguro de realizar seu objetivo é eliminar os conflitos que existem entre o que você pensa e sente e o como vive."

Dr. Wayne W. Dyer

Vivemos em um Universo onde tudo é conectado. Uma energia incessante vibra em torno de nós, nos conectando uns com os outros e com o fluxo de energia e acontecimentos universais. Quando estamos em harmonia, entramos em uma cadeia de bênçãos e abundância. Mas, quando *não* estamos, estagnamos no leito do rio, vendo as bênçãos irem embora.

Dessa forma, a energia de harmonia é a chave para o fenômeno da sincronicidade, no qual energias perfeitamente alinhadas abrem um mundo de incríveis possibilidades. Quando ele ocorre, encontramos aquilo de que precisamos no lugar e na hora certos: pessoas nos mostram quem pode nos ajudar, informações nos são fornecidas quando precisamos, e a inspiração nos vem inesperadamente. Harmonia é uma confluência de correntes, quando a intenção se encontra com os resultados, de uma forma quase mística.

A **Lei da Harmonia** diz que, quando você escolhe gerar equilíbrio e se alinhar com o Universo, sua intenção e sua energia abrem as comportas da abundância universal, permitindo que tenha acesso a todas as visões, forças e bênçãos que o mundo tem a oferecer. Para atingir esse estado sublime, suas energias devem estar sintonizadas com todas as fontes vibratórias ao seu redor – alinhadas com você mesmo, os outros e o Universo.

Harmonia pessoal

A chave para harmonizar-se consigo mesmo está em equilibrar seus pensamentos, emoções e atividades, o que é alcançado por meio de suas escolhas diárias. A forma como você vive a sua vida — dos pensamentos aparentemente inconseqüentes às decisões mais cruciais — determinará qual a harmonia de sua energia pessoal.

Pensamentos equilibrados não são dispersivos ou preocupados; são calmos, centrados e focados na tarefa a realizar. Esse estado mental começa com auto-aceitação e dirige-se para a serenidade diante das oscilações da vida. Pode soar estranho, mas o tipo de equilíbrio que gera harmonia vem de duas intenções opostas: assumir responsabilidade e abrir mão do controle.

Responsabilidade significa que você é 100% responsável pela sua qualidade de vida, por seus pensamentos e emoções e os resultados que obtém. Fazendo escolhas mais dignas quanto a pensamentos e ações, nossa freqüência aumenta e nossa consciência vai mudando. Com o tempo, nossas escolhas se tornam mais espontâneas e geram uma harmonia ainda maior. Uma das formas de forçar esse processo é intervir em sua autocrítica. Pensamentos equilibrados vibram com amor. Auto-aceitação é a chave para uma consciência mais elevada e para uma energia mais atraente. *Não hesite em interromper a autocrítica; não se pode estar em harmonia odiando-se.*

Prioridades tranqüilas

Comece buscando ter mente e coração mais tranqüilos, pois todas as bênçãos virão daí. Essa não é apenas uma teoria simplista de "pensamento positivo", é uma verdade energética absoluta. Quanto mais conflito você tiver em seus pensamentos e sentimentos, mais discórdia atrairá.

As emoções mais harmônicas e bem-sucedidas são o amor, a paz, a aceitação e o entusiasmo. Se você não aprender a colocar essas emoções em um lugar de destaque em sua vida, seus esforços serão sempre em vão. Você *precisa* aceitar-se como é, e se amar.

Isso faz que seja mais fácil balancear suas atividades quanto ao tempo e a prioridades. A vida requer atenção em várias áreas, e tendemos a colocar mais energia em algumas em detrimento de outras. Mesmo que isso pareça natural, o problema energético de não balancear as prioridades é que assim você emite sinais de estar disposto a desistir de coisas importantes. E, se você coloca *a si mesmo* sempre em último lugar, assim será também em relação aos seus desejos. *O Universo sempre faz que sua prioridade volte para você.*

Se a sua vida é sobrecarregada com tarefas infindáveis e você está correndo de um compromisso para outro, sua vibração será agitada e você atrairá dificuldade e caos. Se os seus dias são gastos em atividades indulgentes ou viciosas, isso pode estraçalhar sua vibração de harmonia, interrompendo o movimento em direção a seus sonhos.

A escolha pela harmonia implica tranqüilidade, e você pode tomar essa decisão sempre. Liberte-se do tumulto em sua mente e desapegue-se do medo em seu coração. Permita-se substituí-los por paz, confiança e senso de valor. Feche os olhos, desapegue-se, respire fundo e sinta a mudança que isso criará em sua consciência.

Diário para o sucesso

Use seu diário para se libertar de seus pensamentos negativos. Quando se sentir deprimido, escreva o que está pensando, e depois algo mais positivo. Se estiver com medo, afirme confiança. Se estiver com raiva, escreva a respeito. Isso o ajudará a pacificar suas emoções. Coloque para fora essa energia, e depois deixe a situação para o Universo. Abençoe-a e desapegue-se *de fato* dela.

Harmonia com os outros

A vibração harmônica começa em uma pessoa, depois se conecta com todos os outros seres vivos. Você está no centro de uma sinfonia vibratória, e por meio dela pode criar música em todos os aspectos de sua vida. Mas, para se tornar parte desse som glorioso — e não ficar apenas na platéia —, você deve alinhar harmonicamente sua energia com a dos outros.

Para obter a real harmonia você precisa aceitar igualmente a si mesmo e aos outros, nem buscando a aprovação deles nem negando-lhes a sua. Isso é essencial se você quer sair das energias destrutivas do conflito. Sua intenção deve ser a de buscar unidade em vez de separação, e semelhanças em vez de diferenças.

Se você considera o mundo uma arena de constantes competições, a abordagem que dará à busca por suas metas será baseada no medo. Enquanto enxergar os outros como ameaças potenciais à sua felicidade, estará destinado a viver temeroso e agir com desespero e urgência. Mas, quando descobrir que *você* é a força para as suas soluções, ninguém poderá representar ameaça.

Vivendo com energias elevadas de amor e aceitação, você atrai pessoas que lhe dão apoio, e não que o ameaçam. E quando você se recusa a aceitar os outros lhes confere poder. Sua energia lhes diz: "Você é capaz de me causar raiva ou medo; você tem poder sobre mim". Mas, quando você escolhe aceitá-los, retoma sua força. Assume o controle de suas emoções e energias, criando uma consciência mais elevada e tranqüila. Demonstra que deseja trabalhar em conjunto em busca de harmonia para si mesmo, para os outros, para o mundo.

O ódio emite espetadas de energia hostil, uma vibração que pode conseguir machucar os outros, mas não pára por aí. Essa vibração negativa arrancará ainda mais negatividade do Universo, ganhando impulso e retornando para você.

A harmonia real é alcançada quando você vê os outros com compaixão — em outras palavras, quando você consegue sair da própria experiência para se imaginar na posição dos outros.

Harmonia com o Universo

A harmonia com o Universo começa quando você se conecta com a força deste — a grande Consciência que cria toda realidade.

Talvez a Presença Divina seja um conceito estranho, ou muito abstrato, ou dogmático. Seja qual for a razão, muitas pessoas têm resistência a recorrer a seu poder, e como resultado se excluem da principal fonte de soluções. Se quiser chamar essa força de Deus, Fonte de Amor, Força Criadora ou apenas Universo, tanto faz. Só o que importa é a sua inegável conexão com ela.

> A Inteligência Suprema vibra todo o tempo dentro de você e ao seu redor. Quanto mais você alinhar a sua energia com essa força maior, mais perto estará do fluxo das bênçãos universais. Quanto mais você reconhecer essa parte de sua identidade, mais clareza alcançará no que faz. Quando você vive em harmonia com o amor universal, adquire clareza, pureza e criatividade.

Comece a reconhecer esse poder afirmando: *Eu me conecto com a Presença Divina em todas as coisas. Reconheço o Divino em mim e nas pessoas. Atraio bênçãos eternas dessa fonte de força e amor, e sou grato.*

Meditação: sua conexão sagrada

Esse processo o ajudará a harmonizar suas energias com o Universo. Faça isso quando for se deitar, ou tire alguns minutos do dia para relaxar e se lembrar dessa força amorosa em sua vida. Pode também gravar o roteiro e ouvi-lo antes de dormir. Concentre-se nas palavras, na intenção de sentir a concepção divina em seu coração.

Visualize a luz e o calor do sol fluindo por você, relaxando-o e tranqüilizando-o. Comece a sentir dentro de você essa presença poderosa, com sua luz própria e brilhante. Esse farol de amor divino lhe traz calma, segurança e enche o seu coração de paz. Sinta a luz, entre na luz, seja a luz. Permita-se sentir a energia divina preenchendo-o. Essa nascente infinita de iluminação o inunda de sabedoria e alegria. Cada gota dela traz clareza e calma, e cada vibração traz encorajamento e amor.

Essa é a percepção abençoada da presença divina, um presente da fonte perfeita e eterna. Não há momento em que essa luz não possa ser sentida ou essa força e presença invocadas. Harmonize o seu coração com o coração divino, o seu amor com o amor divino, a sua intenção com a intenção divina. Essa é a sua conexão sagrada... disponível para você todo o tempo, em todos os lugares, para tudo. Abra-se para essa energia maravilhosa, e saiba que sua presença amorosa está sempre com você.

Sua escolha pela harmonia consigo mesmo, com os outros e com a energia de amor divino lança um encantamento em todas as áreas de sua vida. É o centro da sincronicidade, a fonte de energia milagrosa que transforma conflito em paz e dificuldade em alegria. Retorne a essa tranqüilidade sempre que puder.

Afirmações para viver em harmonia

- Assumo responsabilidade por meus pensamentos, emoções e qualidade de vida.
- Levo uma vida equilibrada e feliz, em harmonia.
- Aceito-me e aceito os outros. Reconheço a luz divina em todos nós.
- Alegria e saúde fluem do Universo, e eu mereço receber tudo o que desejo.
- Sou um com o Universo, e me abro para o seu fluxo de amor e bênçãos.

CAPÍTULO 6

A Lei da Ação Correta

Sexta Lei Universal do Sucesso

"Devemos ser a mudança que queremos ver no mundo."
Mahatma Gandhi

A Lei da Ação Correta e a Lei do Magnetismo lidam com a troca de energia, mas com sutis diferenças. Esta última refere-se a como você trata a si mesmo, ao passo que a primeira também se estende a como você trata os outros. Muitas pessoas se enganam ao achar que não podem priorizar ambos os conceitos. Acham que para tratar-se bem é preciso ser egoísta, ou que para tratar bem os outros é preciso sacrificar-se. Mas a Lei da Ação Correta mostra que não é assim.

A sua energia, seja ela direcionada aos outros ou a você mesmo, vai se acumulando em um tipo de conta bancária, na qual cada pensamento ou ação, cada interação com os outros torna-se parte do investimento. Se tudo o que você aplica ali é negatividade, é isso que receberá.

> A **Lei da Ação Correta** diz que a sua energia se autoperpetua no mundo. Valor, honra e dignidade vão crescer em sua vida na mesma proporção em que você os promover no ambiente ao seu redor. Por outro lado, se as suas ações demolem o valor, a honra e a dignidade de outras pessoas, essa destruição acaba-

rá voltando para você. Assim, diante de cada escolha você deve se perguntar: "Isso é digno para mim e para os outros?"

A energia da honradez é uma das freqüências mais magnéticas que você pode emitir. E cada vez que pensar ou falar algo, tomar uma decisão, adotar um plano de ação, seu coração vai lhe dizer se está projetando o tipo de energia honrada que conferirá valor à sua vida.

Tive uma cliente, Casey, que trabalhava em programação de computadores. Sete pessoas se reportavam a ela, e ela repassava os resultados de sua equipe a uma supervisora, que os reportava ao diretor. Casey trabalhava muito e aspirava a uma promoção.

Pouco depois de assumir seu cargo, ela percebeu que sua supervisora estava alterando dados dos relatórios antes de mandá-los para o diretor. Aquilo a fez sentir-se incomodada. Porém, hesitava em falar com ela, pois não gostava de confrontos.

Mas um dia acabou tendo de confrontar a supervisora, que lhe disse para não exagerar. Haviam sido só algumas mudancinhas, e ela jurava que não aconteceria mais. Alguns meses depois, porém, Casey percebeu que ela estava fabricando informações novamente. E mais uma vez ela convenceu minha cliente a não falar. Isso continuou acontecendo por cerca de um ano, durante o qual duas promoções foram feitas na companhia. Casey se candidatou a ambas, sem sucesso.

Casey estava insatisfeita com seu emprego, ressentida com a falta de respeito e integridade de sua supervisora e sem esperança de obter uma promoção. Veio à terapia para lidar com a depressão, mas não percebeu que a primeira coisa com que teria de lidar era com a falta de honradez que estava presente em cada aspecto daquela experiência.

A primeira coisa errada que ela fizera fora deixar sua supervisora desrespeitá-la. Muitas pessoas caem nessa armadilha porque sentem que não podem enfrentar alguém com autoridade. A energia da autonegação é pesada, e traz sérias conseqüências. Casey estava arrasada; não conseguia progredir na empresa e estava sacrificando sua integridade e respeito próprios por medo de ser demitida. E isso era indigno para ela, para seu diretor, seus clientes, seus negócios, e mesmo para sua supervisora, o centro de tudo aquilo.

Depois que discutimos as Leis Universais e sua energia, Casey viu o que devia fazer. Falou com sua supervisora que as coisas teriam de mudar; disse que precisava de mais respeito e o merecia. E que o diretor teria de ser informado sobre as mudanças nos relatórios. Sugeriu que fossem juntas falar com ele e, para sua surpresa, a supervisora aceitou.

Casey colheu os frutos de sua honradez. O diretor deu valor à sua coragem e honestidade, e perdoou a supervisora, considerando que ela estava acuada por ter equipes demais para gerenciar. E a solução que encontrou foi tornar Casey supervisora de algumas das equipes.

Nesse caso, a questão da honra era clara, mas há muitas situações em que a decisão correta não é tão fácil de achar. Você precisa ouvir o seu coração e buscar a escolha que ressoa com o seu sentido de dignidade pessoal. A ação correta pode não ser a coisa mais fácil de fazer, mas é sempre a melhor energia para todos os envolvidos.

Diretrizes para uma ação correta

- Faça escolhas que promovam sua saúde física, mental e emocional. Pergunte-se sempre o que é honroso para você.
- Busque fortalecimento interno, e não permita manipulação externa.
- Respeite-se e solicite aos outros que também o façam.
- Respeite os outros, abstendo-se de julgamentos e tendo compaixão.
- Seja verdadeiro sem ser cruel.
- Tenha coragem de viver com dignidade e sem culpas ou desculpas.

Intenção de amor

A intenção básica por trás da ação correta é gerar valor e expandir o amor, que é um catalisador energético para todas as manifestações criativas bem-sucedidas. Quando você alinha seus pensamentos com essa vibração, conecta-se com a consciência suprema, criadora de todas as coisas — a maior força na busca de seus sonhos.

A intenção de amor nos faz agir de formas que elevam o valor em nossas vidas e nas dos outros, levando-nos a fazer as escolhas corretas. Podemos escolher aceitar em vez de condenar, apoiar em vez de desencorajar, priorizar em vez de rejeitar.

Nós somos especiais. Cada um de nós tem uma parte importante no plano eterno das coisas. Muitas pessoas acreditam que o que faz nos tornarmos especiais são grandes atos, riqueza, extraordinária beleza ou talento. Mas o Universo trabalha como um sofisticado relógio: além das peças grandes e aparentes, ele tem muitas outras, escondidas, e até mesmo a menor delas é importante e especial.

Nossa estrutura humana também é uma rede complexa, com muitas funções diferentes. Se escolhemos negar o que temos de especial e depreciar nosso valor ou o dos outros, criamos uma resistência aos trabalhos do relógio de nossa proposta global.

A ação correta não é uma questão de moral, e sim de causa e efeito. Mas sua verdade energética é incontestável: você *obterá* de volta a mesma energia que emitir para os outros. Se for raivoso e manipulador, ou falso e desonesto, acabará obtendo o mesmo tratamento.

Quando você opta pela dignidade, baseada no amor, sua escolha de fato lhe dará poder. Você não terá mais de usar energias arrogantes, hostis ou de medo para conseguir autoridade. Sua habilidade de pesar as conseqüências energéticas de suas ações o ajudará nisso, guiado pelo amor e pela honra. Essas escolhas sempre trarão os resultados *corretos*.

Afirmações para a ação correta

- Em tudo o que faço e penso, opto pela honradez.
- Escolho respeitar os outros, e não julgá-los.
- Compreendo que minhas ações voltam para mim.
- Liberto-me da competição. Todos são abençoados.
- Começo a ter mais consciência da energia dos outros.

CAPÍTULO 7

A Lei da Expansão da Influência

Sétima Lei Universal do Sucesso

"Um material de pensamento compõe todas as coisas, e em seu estado original permeia, penetra e preenche os espaços do universo."

W. D. Wattles

A sétima lei revela como sua ressonância influencia a dos outros e qual o efeito destas em você. Vida é troca de energia, e ela sempre se move em torno de nós. Alguns fenômenos de física quântica demonstram como funciona esse processo. A primeira influência é o *embaralhamento de fase*. No mundo, as partículas convergem e se separam, e, depois que duas delas se juntam, ao se separarem uma pode levar consigo parte da outra. Ou seja: quando duas entidades se encontram, a energia de uma fica ligada à da outra.

As experiências emocionais das pessoas também podem sofrer um embaralhamento de fase. Isso acontece diariamente. Envolvemo-nos com uma pessoa e levamos conosco sua vibração, e vice-versa. Ao discutirmos com um adolescente mal-humorado, nos irritamos. E nos abatemos quando encontramos uma pessoa deprimida. As emoções são contagiosas, e a energia das pessoas nos influencia.

Esse princípio é importantíssimo na busca do sucesso. Dada essa imbricação das energias, devemos estar atentos para as relações que forjamos na nossa vida pessoal, social e profissional. Além de influenciar nossos pensamentos, humor e bem-estar, o espírito dos outros molda nossas escolhas.

Esse fenômeno deve ser considerado ao se adquirir ou gerir uma empresa; ele torna especialmente importante a contratação de pessoas íntegras. É importante também que *você* tenha integridade nas suas atividades.

As atitudes e ações de um dirigente ressoam entre seus dirigidos e se disseminam. Pode-se ver isso acontecer no mundo: nos países, nas comunidades, nas empresas e nas famílias.

> A **Lei da Expansão da Influência** mostra que sua energia se expande e influencia o seu ambiente pessoal e o mundo. Você tem um impacto sobre tudo, desde a produtividade da sua empresa e a harmonia da sua família até a paz no mundo. Ao optar por respeitar quem o cerca, essa energia positiva se espalha por todos os seus círculos de influência e sua intenção de harmonia acaba por se expandir na consciência de todos.

Se quiser paz na sua vida familiar, você deve primeiro criar essa intenção *dentro de si*. Para que seus empregados se apliquem mais, *você* precisa projetar essa energia na sua vida.

É fundamental compreender a influência e extensão da nossa força. Honestidade, entusiasmo, incentivo e apoio são as exigências da busca do sucesso.

Expansão da ação

Em seu teorema da não-localidade, Bell revela que o que aconteceu num lugar pode ter uma influência em outro lugar distante. Isso vale também para a energia e a ação pessoais. Qualquer coisa pode acontecer em qualquer lugar e tempo no Universo. Desde a menor partícula até a maior massa, o Universo é um domínio vibrante de potencial, um campo com todas as possibilidades. Tendo essas amplas oportunidades e nosso poder não local, devemos continuar a agir para conseguir o que queremos.

Além de reduzir a pressão, a ação contínua amplia a intenção. Quanto mais se atua, mais energia é enviada na direção do que se pretende. Cada ação é como estabelecer outra ordem com o Universo, e não se sabe como ou quando ele vai responder.

O poder energético da nossa natureza não local é muito eficaz. *Cada pensamento e cada ação plantam uma nova semente no jardim do nosso destino.* Podemos não saber imediatamente quais são os resultados, mas é importante saber que o processo de intenção e influência não acaba. De um modo ou outro, sempre há resultados; assim, devemos projetar o melhor e agir positivamente em todas as direções. Com isso nos abrimos para *todas* as opções de que o Universo dispõe.

Diário para o sucesso

Use o diário para saber se você ainda pode expandir suas intenções em outras direções. Pensando em cada objetivo ou desejo específico, investigue meios de agir para torná-lo realidade. Se preciso, pesquise ou peça idéias aos amigos. Anote-as e acrescente outras que lhe ocorram. Quando tiver novas abordagens, não receie implementá-las. Os melhores resultados podem vir dos conceitos mais atípicos.

A expansão em todo o mundo

As repercussões da sua influência não se limitam à busca dos objetivos pessoais. Seu impacto se expande até os cantos remotos do mundo, esteja você consciente ou não dele. A sétima Lei Universal mostra que a sua energia alcança e se liga a outras semelhantes a ela. Essas nuvens de vibrações unidas tornam-se campos da consciência que exercem enorme influência sobre a experiência da nossa espécie.

Os campos mais importantes da consciência emocional são o do amor e o do medo ou ódio. Todos os nossos pensamentos, crenças, escolhas e comportamentos aumentam um deles. Sempre que fazemos uma escolha por amor, para nós mesmos ou para os outros, nutrimos o campo do amor. Mas se nos entregamos ao ódio ou ao julgamento, dirigido para nós mesmos ou para os outros, nutrimos o campo do medo.

Com o aumento da energia acumulada em um desses campos, aumenta a ressonância dessa energia no Universo e a consciência do amor ou do ódio se desloca e influencia as escolhas e experiências dos outros. O campo mais nutrido terá a maior força no nosso mundo.

Esta é a nossa responsabilidade: escolher o amor na nossa mente, na nossa vida e na vida dos outros, acelerando a energia do amor no mundo. Se não o fizermos, o ódio e o medo se acelerarão.

A intenção de cada pessoa determina o curso da humanidade; as emoções e ações dos indivíduos nutrem a energia e a força vistas por toda parte. Assim, se você quer que o amor e não o ódio se expanda nas suas relações, ocupações e no mundo, empenhe-se numa energia mais amorosa para consigo e com os outros. A força do amor está sempre à sua disposição.

Afirmações para expandir a influência

- Minha energia se expande no mundo. Quanto mais eu agir visando meus objetivos, mais o Universo abraçará minha intenção.
- Ando e me desloco num ritmo confortável. Faço tudo calmamente. Sou relaxado e levo para os outros essa calma e energia tranqüila.
- Minha energia se expande na minha vida e no Universo. Escolho a energia sem conflitos. Sempre que penso pacificamente, a força da paz se expande.
- Busco a alegria que posso levar aos outros. Para mim, ser útil é um presente.
- Vejo valor em todos os que me rodeiam. Compartilhamos juntos a energia do mundo.

PARTE II

As Seis Forças Pessoais para o Sucesso

Segundo as Leis Universais, você é responsável pelo seu sucesso. Para concretizar seus sonhos é preciso investigar como essas forças podem trabalhar para você. As pessoas querem mudar, mas pouco fazem para isso. Consideram a mudança algo para o futuro, e dizem: *Melhorando as minhas perspectivas, tudo estará bem*. Essa é uma abordagem passiva para uma expectativa ativa, e provavelmente não terá bons resultados. Em vez de esperar, faça acontecer!

A transformação não é algo para o futuro; a atividade presente estimula o que virá. A mudança não é o objetivo; é o processo contínuo que leva ao que se deseja. A qualidade da sua vida depende de você, e se o presente não o satisfaz, faça novas escolhas para garantir um futuro melhor. Assim, você efetivamente será capaz de magnetizar o sucesso.

Todos os recursos de que precisa estão dentro de você. Seis faculdades pessoais dinâmicas fazem parte da sua natureza e estão sempre disponíveis. Utilize-as para mudar tudo o que você atrai para a sua vida, pois o sucesso depende de assumir o controle. Comece a usar seus dons inatos e sua vida mudará.

Essas aptidões vão exigir sua atenção, e algumas talvez peçam mudanças, mas não desista. Lembre-se: *nada mudará se você não mudar nada*.

CAPÍTULO 8

A Força do Descarte

Primeira Força Pessoal para o Sucesso

"Sem mudança o progresso é impossível, e quem não pode mudar sua mente não pode mudar nada."

George Bernard Shaw

A aptidão para descartar é a primeira força pessoal, o primeiro passo necessário à mudança. Para produzir a consciência criadora e as energias magnéticas que trarão os resultados desejados, é preciso desfazer-se dos padrões nocivos do passado. Essa exigência é básica para mudar sua energia e transformar sua consciência.

Podemos descartar em vários níveis. O primeiro e mais óbvio é o nível físico. Neste capítulo trataremos do descarte mental, emocional e comportamental, e também do desapego.

Descarte físico

Fazer exercícios e outros tipos de movimentos é importante para remover a energia velha, liberando do seu corpo traumas emocionais ou lembranças tristes, e criar uma vibração nova, mais leve e atraente. Atividade física e respiração profunda ajudam a soltar essa energia presa e a retirá-la da sua ressonância pessoal.

Para relaxar, respire profundamente e faça movimentos musculares regulares. Alongamentos e massagens ajudam, mas é preciso relaxar também a mente e as emoções. A liberação mental começa com o descarte dos velhos pensamentos negativos, e tem um grande impacto nas vibrações físicas e emocionais.

Descarte mental

Como vimos, seus pensamentos são uma força duplamente influente, pois geram a energia mental e emocional. O pensamento negativo cria emoções difíceis, como depressão e medo. Para criar uma ressonância de sucesso, ele precisa ser liberado.

Um certo mal-estar quase sempre surge de um pensamento negativo. Assim, quando sentir medo, depressão, culpa, constrangimento ou nervosismo, pergunte-se: *O que estou pensando?* Examine-se buscando algo negativo em si próprio.

Dois padrões freqüentes de pensamento negativo são o julgamento e a preocupação. É preciso conhecê-los para identificar a fonte da sua energia negativa e mudá-la. Localize e libere as crenças tóxicas que mais o atormentam. Lembre-se desta verdade: sua vida segue o rumo determinado pelo seu pensamento dominante.

Julgamento

Julgamos sobretudo nós mesmos, os outros e as experiências. Todos esses julgamentos envenenam a energia que projetamos.

A autocrítica contínua emite sinais de baixa auto-estima, uma freqüência que atrai a rejeição do mundo externo. Por outro lado, pela Lei da Ação Correta o julgamento sobre os outros retorna para nós, dificultando a busca do sucesso. E essa influência também se expande no mundo, espalhando a infelicidade.

Ao julgar suas experiências de vida, você apreciará cada vez menos suas atividades pessoais, acabando por não encontrar nada suficientemente bom ou especial para fazê-lo feliz. Insatisfeito, não projetará energias jubilosas e não atrairá alegrias.

Livre-se desse padrão tóxico analisando as frases negativas de cada julgamento a seguir. Assinale, em uma folha à parte, as que mais representam o seu tipo de pensamento. Seja honesto!

1. Autojulgamento
a) Sou inexperiente demais para vencer.
b) Sou um fracasso; sempre serei.
c) Nunca faço nada certo. O que há de errado comigo?
d) Estou ficando velho (feio, gordo, lento etc.).
e) Sou um idiota (incompetente, incapaz etc.).

2. Julgamento dos outros
a) Que palhaço!
b) É um idiota; não merece essa promoção.
c) Ele não faz nada certo.
d) Que roupa antiquada ela está usando!
e) Ela está ficando velha (feia, gorda, lenta etc.).
f) Esquerdistas (conservadores, negros, brancos etc.) idiotas! Não sabem do que estão falando.

3. Julgamento de experiências
a) Esse filme é uma perda de tempo.
b) Não agüento este lugar (teatro, pessoa etc.).
c) Meu trabalho não vai dar em nada.
d) Que festa chata!
e) Essa situação não vai dar em nada.
f) Detesto cuidar da casa (do jardim, da papelada etc.).

Preocupação

O segundo tipo de padrão negativo de pensamento é a preocupação, que pode ser com o futuro, o julgamento dos outros e até com o passado. Diga: *Para que serve preocupar-me com o futuro?* Apenas para criar uma energia de ansiedade que se desloca no mundo em nuvens de agitação, gerando o futuro negativo que está me preocupando.

Outra atividade mental inútil são as tentativas de agradar aos outros. Elas mostram apenas que você não acredita em si mesmo, e essa ressonância dificulta o sucesso.

Já a preocupação com o passado destrói totalmente a energia do presente. Liberte-se dela e volte a ser forte.

Assinale, em folha à parte, as afirmações a seguir referentes ao seu modo de pensar. Elas representam os modos como você irradia sua energia.

1. Preocupações com "E se"
a) E se eu não conseguir esse trabalho?
b) E se eu falhar?
c) E se ele não gostar de mim?
d) E se eu disser (fizer, usar etc.) algo inadequado?
e) E se eu adoecer?
f) E se eu não for bem avaliado? E se me demitirem?

2. Preocupação com o que os outros pensam
a) Ele nunca vai gostar de mim.
b) Ela deve pensar que eu sou um palhaço.
c) Eles não acreditam que eu posso fazer esse trabalho.
d) Meu chefe deve me achar um idiota. Sei que ele me detesta.
e) Se eu me servir outra vez vão me achar um glutão.
f) Não vão gostar de mim se eu não fizer o que querem.

3. Preocupação e análise excessiva
a) Como é que fui dizer isso!
b) Se eu tivesse agido de outro modo, tudo estaria bem.
c) O que posso fazer para corrigir as coisas?
d) Por que é sempre assim? Por que tudo não foi de outro jeito?
e) Ainda me lembro de como me destrataram. Nunca vou esquecer!
f) Por que tomei essa decisão? Que grande erro!

Que tipo de pensamento foi mais assinalado? Você tende a julgar mais você mesmo ou os outros? Qualquer que seja o padrão identificado como mais freqüente, esforce-se para se livrar dele.

Diário para o sucesso

Anote no seu diário os pensamentos assinalados e substitua-os por uma conclusão mais positiva e otimista. Por exemplo: substitua *E se eu não conseguir esse trabalho?* por *Se eu não conseguir, aparecerá outro.* Mesmo sem estar convencido das afirmações, escreva as opções para iniciar essa mudança.

Durante a transição, não seja severo demais consigo por conta de sua preocupação ou julgamento, pois isso aumentaria a energia que você está querendo descartar. Em vez de se condenar, perdoe-se e reafirme sua intenção de mudar. Com o tempo, sua nova atitude prevalecerá.

Descarte emocional

Os sentimentos representam uma vibração forte e comunicam mensagens muito claras. Sem arejá-los, você pode emitir sinais antigos de mágoa, raiva, rejeição e outras emoções negativas que continuam no seu campo de energia.

Muita gente tem dificuldade em manifestar ou até em identificar seus sentimentos. Sofrem traumas e frustrações e jamais verbalizam as emoções envolvidas, acumulando pela vida afora nuvens de energia ruim e irradiando uma ressonância negativa que afasta os outros.

Para se livrar dessa nuvem negra é preciso descartar os sentimentos guardados do passado. Isso não significa que você precise mergulhar no passado e reviver todos os traumas ou episódios difíceis. Você sabe quais dificuldades ainda o perseguem. Assim, pegue o diário e comece a escrever sobre elas. Exprima todos os sentimentos que precisam ser descartados; não fique obcecado por isso, apenas areje-os.

Esteja consciente sobretudo das suposições que fez sobre suas experiências perturbadoras. No fim de cada tópico do diário, pergunte-se:

Que conclusões tirei dessa experiência que quero mudar agora? Escreva os pensamentos e crenças negativos e depois substitua-os por novos.

Descarte comportamental

O descarte de comportamentos nocivos, sobretudo os excessivos e dependentes, também é importante para criar uma energia atraente e uma consciência produtiva. As pessoas se excedem — com álcool, drogas, cigarro, comida, televisão, exercícios, fofocas, sexo, trabalho, relações e dramas — para fugir de suas emoções, para se sentirem reconfortadas, mesmo que por pouco tempo. Mas esse conforto é falso, e o escapismo destrói a energia com vibrações de carência, medo e excesso de indulgência, levando a pessoa a se desesperar mais e atraindo resultados ruins.

Do que você está fugindo, que dor quer amenizar com isso? No fundo, o que há é um vazio gerado pelo esquecimento de quem você realmente é: sua identidade maior, mais nobre, sua ligação com o Divino e o valor que ela lhe traz. Essa ligação, que parece perdida, é a fonte da sua inquietação.

Embora uma experiência difícil o tenha levado a buscar a fuga em padrões nocivos, é hora de reverter esse processo.

Para se livrar dos maus hábitos, comece intervindo nos seus comportamentos por 10 minutos. Crie um sistema de substituição de atividades e escreva-as no diário.

Não se julgue por falhar e reincidir nos padrões antigos; isso alimenta o seu fogo negativo, aumentando a necessidade de escapar.

> Aprender a descartar é um processo para a vida inteira. Renove diariamente sua determinação de descartar o passado e deixar de se preocupar, para que as novas escolhas, mais saudáveis, possam fazer sua vida brilhar.

Descartar o apego

A última coisa importante a ser descartada é o apego. Sentimo-nos orgulhosos dos quadros, jóias, mobílias e carros que temos, e nos apegamos a eles. É preciso ter cuidado com pensamentos do tipo: *Sem isso não serei feliz.* Essa idéia é perigosa. Primeiro porque estimula a crença de que as coisas materiais nos fazem felizes. Ao pensarmos que algo fora de nós pode nos fazer felizes, deixamos escapar nossa aptidão de nos darmos essa coisa. Com a necessidade de ter sempre mais, lutamos num eterno esforço para prosseguir.

Além disso, nos preocupamos com a possibilidade de perder o que temos. Uma corrente de medo subjacente em nossa vida nos leva a estar sempre procurando nos tranqüilizar.

Exercício de descarte do apego

Olhe para as coisas materiais que o cercam, respire fundo e afirme: *Gosto delas, mas sua falta não me impede de ser feliz.* Diga isso olhando para uma coisa de cada vez. A princípio isso pode ser assustador, mas na verdade é bastante libertador, e com o tempo lhe trará paz interior, o que, diferentemente da posse dos objetos, gera felicidade.

Faça isso diariamente em relação aos seus pertences e às suas escolhas. Você se sentirá livre e sua energia se purificará. Além disso, a magia do desapego lhe devolve muitas coisas. Pratique a arte da renúncia dando com generosidade algo que você valoriza. Lembre-se: o paradoxo é que, ao se desapegar, você ganha tudo.

Afirmações para desapego

- Cada vez mais me sinto à vontade desapegando-me.
- Desfaço-me do passado e de todos os meus medos. Sou livre.
- Desfaço-me de hábitos nocivos e desonrosos. Agora tenho um modo de vida saudável.
- Desfaço-me do apego. Sei que apenas minha atitude me traz felicidade.
- Adoto uma atitude pacífica. Desfaço-me da preocupação, da pressa e da necessidade de controlar.

CAPÍTULO 9

A Força da Consciência

Segunda Força Pessoal para o Sucesso

"A consciência é o elemento criador do universo. Sem ela, nada surgiria."

Fred Alan Wolf, Ph.D.

Não muito tempo atrás, as palavras *física* e *consciência* eram consideradas exclusivas. Uma era ciência e a outra um conceito abstrato da psicologia ou da filosofia. Hoje, cientistas de todo o mundo estudam a física da consciência e se aceita amplamente que ela cria realidade.

Pela física quântica sabemos que a realidade não está separada da sua observação, e o mesmo se dá com a nossa vida. O que sentimos não pode se separar da nossa percepção. O estudo da biomecânica revela que o cérebro não é capaz nem mesmo de diferenciar entre realidade e memória. Os mesmos neurônios são acionados quando vemos algo e quando nos lembramos disso.

A chave para a criação da consciência está na percepção: o que percebemos sobre nós e nossa realidade, e como nos sentimos agindo assim. Isso cria muitas das respostas químicas e emocionais de nosso corpo e mente. Nossa consciência é tão poderosa que, além de determinar a qualidade emocional de nossa vida, evoca importantes respostas fisiológicas.

O processo começa quando uma emoção ou pensamento aciona a glândula hipotálamo para que ela libere determinados peptídios. Essas substâncias se deslocam para receptores, onde se ligam às células, criando uma reação química que combina com o estado emocional original e o perpetua. Quer sejam positivos ou negativos, pensamentos similares produzirão peptídios e emoções similares.

Com o tempo, a repetição desse padrão fechará outros receptores que poderiam estar disponíveis para os peptídios de estados emocionais diferentes. Desse modo, sua percepção torna-se fixa, iniciando uma cadeia bioquímica de eventos que perpetua os mesmos sentimentos. É assim que se formam hábitos emocionais, inclusive dependentes.

Vejamos um exemplo de como o processo funciona: você sempre passa por um prédio e não tem nenhuma reação emocional ou cognitiva. Um dia, procurando trabalho, vê um anúncio de emprego afixado numa parede desse prédio. Você se entusiasma e seu hipotálamo libera peptídios que combinam com esse sentimento e o perpetuam enquanto você vai para casa, telefona e marca uma entrevista. E sempre que passa pelo prédio, *ou até quando apenas se lembra dele*, a mesma reação bioquímica lhe ocorre e você fica entusiasmado. Depois de contratado, durante alguns meses sua reação é a mesma.

Com o tempo, o trabalho começa a produzir em você uma percepção negativa, que produz peptídios que combinam com esse sentimento. Quando você se apronta para o trabalho ou pensa nele, a percepção desagradável estimula os neuropeptídios, que combinam com essa emoção e a perpetuam.

Isso continua por anos, até você ficar sabendo de um outro possível emprego. Você se candidata e começa a produzir os peptídios que combinam com esse outro entusiasmo. O novo emprego continua estimulando essas emoções, mas apenas por poucos anos, pois a companhia se muda para o México.

Você está desempregado e a necessidade de dinheiro muda novamente sua percepção. Você começa a achar que o primeiro emprego não era tão ruim. Toda vez que passa pelo prédio, ou mesmo pensa nele, anseia por estar lá. Havia problemas, mas estar sem nada é pior. Ao se lembrar, seus pensamentos, emoções e reações fisiológicas e químicas criam uma consciência de perda e arrependimento que se torna o seu filtro de manifestação. É um círculo de situação e criação. Sua experiência cria as emoções que perpetuam a experiência.

É importante saber que a química é uma grande razão pela qual você tende a ficar tão grudado aos seus padrões mentais e emocionais. Mudar suas conclusões e percepções exige uma intenção consciente para sair dessa auto-sabotagem bioquímica.

Dê dois passos muito específicos para mudar seus padrões de percepção negativa e o envolvimento neuropeptídio resultante:

- Quando sentir brotar uma emoção negativa, pare e respire fundo. Afirme: *Meu corpo está liberando neuropeptídios de paz e tranqüilidade. Uma onda suave de serenidade e relaxamento está me percorrendo.*
- Quando vir ou sentir algo que aciona uma reação negativa, diga: *Posso me desfazer disso. Liberto-me e relaxo. Escolho a paz.*

Ao optar por se envolver em cognições mais positivas, você produz os neuropeptídios que combinam com esperança, entusiasmo e felicidade.

Com isso, mente, emoções e corpo, até reações químicas mudam; e mudará também a energia da sua consciência. Sua consciência é a força mais vigorosa na criação do seu destino.

Consciência PIE

Três principais ingredientes ativam o vigor da sua consciência: percepção, imaginação e expectativa, ou o que chamo de "consciência PIE". Eles são as peças básicas da criação da consciência, ligando-se num processo dinâmico que lhe permite um bom controle sobre as conseqüências da sua vida.

A força da percepção

O modo como você vê as coisas é filtrado pela sua história, mas é maravilhoso criar o futuro. É isso que o define. Estudos mostram que a autopercepção e a conversa consigo mesmo têm um impacto sobre os níveis de serotonina e endorfina, que perpetuam sentimentos contínuos como a depressão e a alegria.

Você também é capaz de mudar seu ambiente. O que quer que lhe tenha ocorrido, não é preciso encarar o mundo sempre do mesmo modo. Use sua força do descarte e libere sua perspectiva antiga, limitada. *O que quer que você esteja vivendo, lembre-se de que sempre existe a opção de escolher uma nova percepção.*

Esta é a chave para a realidade criada pela consciência: o que você observa como verdadeiro emoldura sua percepção. Em vez de se apegar à velha visão das coisas, agora você pode lidar com sua vida como uma tela vazia. Pode criar um quadro novo, ver as coisas diferentemente e imaginar de um modo novo tudo o que o cerca.

Imaginação é tudo

Ao fazer mudanças positivas nas suas percepções, você achará cada vez mais fácil ativar sua imaginação. Refiro-me à capacidade de criar imagens mentais — quadros vivos do futuro almejado.

O cérebro não distingue entre acontecimentos presentes e lembranças. Tampouco vê diferença entre o que é vividamente imaginado e o que é real. Muitos físicos não acreditam que exista uma única realidade, propondo que muitas realidades estão em curso o tempo todo, e alguns cientistas acham que você pode escolher a que desejar. As possibilidades da sua vida são ilimitadas. *Imagine* tudo o que você pode viver! Não se limite; você precisa *ver* aquilo que vai criar.

> Sua capacidade de imaginar imagens vívidas do sucesso estabelecerá essa realidade primeiro na sua consciência. Se as imagens que estão agora na sua imaginação não correspondem ao que você quer viver no futuro, crie outras. Para gerar o sucesso você precisa criar imagens de sucesso.

As imagens criadas na consciência se dão em dois níveis. Eis os passos para estabelecer uma nova percepção do sucesso:

1. **Imagens de sucesso**: pinte o quadro de como você quer ser, sentir, agir e parecer. Crie uma imagem vívida de tudo isso e mantenha-a na mente. Mova-se dentro dela, viva-a e acredite nela. Veja-a e sinta-a várias vezes ao dia, e logo você será como ela.

2. **Imagens de sucesso dos seus objetivos específicos**: crie quadros claros, brilhantes, do que você quer. Eles devem ser vívidos a ponto de você se sentir dentro deles. Imagine o resultado de cada objetivo e então ponha na sua *memória* essa foto mental do *futuro*. Volte a ela de tempos em tempos, como uma foto de álbum. Assim você informará ao cérebro que essa imagem do futuro já aconteceu, é realidade.

Quanto mais cuidadoso você for ao examinar e sentir as imagens, mais seu cérebro e consciência as aceitarão como realidade. Continuando esse processo, você aumentará as emoções positivas que carregam uma consciência positiva e a energia magnética. Isso ajudará a fazer os devidos ajustes na sua expectativa, último componente da consciência PIE.

Esperar o melhor

É inútil criar a imagem do sucesso se essa realidade está além da sua compreensão. O que você deseja e o que espera são coisas diferentes, por isso é importante esperar conscientemente o melhor. Para facilitar, descubra quais são suas expectativas ocultas.

Você tende a olhar para cada dia com certas suposições, e assim é natural projetar seus padrões "normais" no futuro. Mas se estiver sempre insatisfeito com o presente, é difícil criar expectativas positivas sobre o futuro.

Na base de tudo está a pergunta: Como você vê a sua vida cotidiana? Você quer aceitação, mas espera rejeição? Quer sucesso, mas espera fracasso? Quer felicidade, mas se conforma com o tédio, um trabalho monótono ou a frustração?

Opte por criar novas expectativas e crenças sobre o que é capaz de fazer hoje, amanhã e sempre, pois na batalha entre desejo e expectativa é bem mais provável que o Universo lhe dê o que você espera. Isso porque seus desejos estão onde está a sua *vontade*; suas expectativas estão onde estão as suas *crenças*.

É preciso procurar o melhor na sua vida cotidiana e nos seus sonhos. Crie uma percepção consciente do seu dia ideal e do seu futuro ideal e sinta que você é capaz de fazer isso acontecer.

Suas expectativas cotidianas também aceleram seu impulso energético. Se quiser ter sucesso, pare de adiar, limitar ou descartar seus desejos. Melhor ainda: dê-lhes uma visão mais grandiosa. Expectativas ilimitadas renderão resultados ilimitados.

- Percepção positiva
- Imaginação vívida e criadora
- Expectativa otimista

Uma pequena mudança numa dessas atitudes pode criar uma grande mudança na sua realidade. É a opção inabalável de viver em estado alerta no presente, aquela em que você escolhe livremente uma nova percepção, visão e expectativa do que é e do que pode ser real para você. Escolha-a agora!

Afirmações para uma consciência de força

- Escolho uma percepção forte e bem-sucedida de mim. Sou capaz e mereço.
- Visualizo-me como quero ser: confiante, vibrante e feliz, agora e sempre.
- Espero o melhor. Na minha vida cotidiana e no futuro, sempre espero qualidade.
- Vivo num estado alerta e consciente. Escolhi conscientemente os pensamentos e imagens que criam uma grande realidade.
- Visualizo meus objetivos com entusiasmo e crença. Em minha vida recebo muitas bênçãos maravilhosas.

CAPÍTULO 10

A Força da Energia

Terceira Força Pessoal para o Sucesso

"O mundo é um espelho e devolve a cada um o reflexo do seu rosto."
William Makepeace Thackeray

O Universo vive com energia; nada existe sem ela. Tudo o que se vê — e a maior parte do que não se vê — está cheio de ondas e vibrações. Não importa aonde vá ou o que faça, você sempre emite e recebe energia e vive numa confluência de freqüências invisíveis.

Você irradia a energia que determina as conseqüências para si próprio, e os resultados que vem tendo devem-se às vibrações do seu campo de energia pessoal. Se não gosta do que está lhe acontecendo, pode mudar o que emite.

A energia associa-se à consciência para formar o maior gerador do seu destino. Escolhendo conscientemente que tipo de energia quer projetar, você também determina o que receberá. Esse processo simples ocorre o tempo todo.

Nossos produtores de energia

Suas vibrações eletromagnéticas são a freqüência da sua mente, coração e alma. A maior parte disso pode ser encontrada na sua mente e nos seus sentimentos. Mas de onde vêm seus pensamentos e sentimentos? O que faz funcionar essa parte da sua energia pessoal?

A base de sua força emocional e cognitiva está em suas conclusões centrais. Tudo o que você manifesta pode ser rastreado até elas. Seu sistema de crenças é uma rede de pressupostos básicos devidos à sua educação e experiência pessoal. A maioria das pessoas não examina o que acredita ser verdade: recebe seu sistema de crenças desde o nascimento, e ponto final. Ele estrutura quase tudo o que percebemos e, acostumados a ele, não nos ocorre tentar outro. Quando vivemos sem uma percepção consciente das nossas crenças e de como elas nos afetam, desistimos do poder de mudá-las.

> Apesar do que aprendemos e de como fomos tratados, nossas crenças são uma opção nossa; sempre podemos mudá-las. Podemos escolher o que representa a nossa verdade, descartando o que perpetua o medo e a negatividade. No tocante à energia e à criação da consciência, uma crença mais saudável e feliz é a base de um sucesso maior em qualquer área.

Nossas crenças são as conclusões subjacentes de que derivam todas as suposições e pensamentos independentes. Nós as desenvolvemos diretamente (com o que nos ensinaram) ou indiretamente (com o modo como nossos pais e outros superiores nos trataram). Não importa se esses ensinamentos são falsos, nocivos ou até destrutivos; sua fonte os torna verdadeiros para nós. Cada crença cria pensamentos associados que provocam reações emocionais, e tudo junto cria a energia predominante que você irradia pela vida afora sem saber.

Por exemplo, se lhe ensinaram que você vale o dinheiro que tem, essa crença resultará em vários pensamentos e conclusões correspondentes, como *Só me reconhecerão quando eu tiver muito dinheiro* ou *Agora sou um fracassado*. Esses pensamentos tóxicos criam emoções devastadoras, como medo, desespero e auto-rejeição. Veja-as no quadro a seguir.

Pensamentos	Emoções	Energia
Não tenho o necessário	Vergonha, medo	Repulsiva, resistente
Nunca tenho o suficiente	Desesperança, desespero	Pesada, obscura
Por que só eu não tenho sorte?	Raiva, inveja	Abrasiva, agitada

Com os seus pressupostos básicos você cria a energia emocional que dá o tom do seu mundo. Você se prepara para o sucesso ou o fracasso, a felicidade ou a dor; e o ciclo de energia e acontecimentos só mudará quando *você* resolver adotar só as crenças que o dignificam e nutrem.

Estabeleça seus CEPs

Há quem resista a criar crenças novas, pensando que isso seria enganar-se com uma visão fantasiosa da vida, ou acreditando que ao negar suas convicções propulsoras ficará desmotivado para lutar pelo sucesso.

No entanto, quando se muda o sistema de crenças mudam também as emoções e os pensamentos resultantes. Um sistema de crenças mais positivo traz muito mais vigor e entusiasmo.

Os CEPs (crenças, emoções e pensamentos) sobre o futuro permeiam a consciência, e se forem negativos essa mentalidade destrutiva criará a expectativa de um resultado desfavorável; ou seja, eles condenam ao fracasso. Por isso é importante descobrir como suas crenças o mantêm no fundo do poço.

Diário para o sucesso

Para dominar suas crenças, responda às perguntas a seguir no seu diário. Reflita bem e decida claramente sobre as crenças alternativas, dignificantes, que podem substituir as velhas e negativas.

- Mencione algumas das coisas nas quais lhe ensinaram a acreditar sobre você próprio e seu valor.
- Como essas conclusões o fazem sentir-se?

- Que opiniões alternativas você pode escolher para fazer jus ao seu valor e produzir uma energia mais saudável e atraente?
- Mencione algumas das coisas que lhe ensinaram a supor sobre os outros e sobre sua relação com eles.
- Como essas conclusões o fazem sentir-se?
- Que conclusões mais saudáveis e dignificantes você pode adotar sobre os outros e sua relação com eles?
- Mencione algumas das coisas que pode fazer para se lembrar de escolher essas crenças diariamente.

Não pule esse exercício. Pense honestamente em suas respostas e apresente opções criativas. Somente os CEPs positivos são válidos para criar coisas boas.

Teste o seu QA

Talvez você pense que o sucesso depende de coisas como aparência, dinheiro e até do QI. Mas na verdade é o seu QA (quociente de atração) que indica se você tem ou não a energia necessária para o sucesso.

Para ter uma idéia das suas inclinações, faça o teste a seguir. Seu QA indica a sua produção de energia positiva e os padrões ressonantes da sua atração magnética. Volte a fazer o teste de tempos em tempos para saber como sua vibração está mudando.

Teste de Quociente de Atração

Dê notas de 1 a 10 às perguntas abaixo, sendo que 1 significa Nunca e 10, Sempre. Escreva-as em uma folha à parte. Seja honesto!

Numa escala de 1 a 10, você:

1 ...tem confiança nas coisas que faz?

2 ...acha que sabe qual é seu objetivo e está trabalhando na direção dele?

3 ...aceita sua aparência agora?

4 ...está feliz com sua situação atual?

5 ...está otimista quanto ao futuro?

6 ...tem como prioridades seus objetivos e a felicidade?

7 ...está disposto a correr riscos?

8 ...tenta pensar positivamente quando está diante de situações difíceis?

9 ...valoriza e aprecia as coisas boas que já tem?

10 ...respeita seu corpo alimentando-se bem e fazendo exercícios?

Feito isso, some seus pontos para saber qual é o seu QA.

Não desanime se seu número for abaixo do esperado. As contagens mais comuns ficam entre 50 e 75. Para criar um foco específico para sinais positivos, adote intenções e afirmações positivas em todas as perguntas que obtiveram menos de 7. Faça isso diariamente para criar um impulso diferente na sua produção de energia. Por exemplo, se na pergunta 5 você teve 5 pontos, afirme: *Estou mais otimista quanto ao futuro. Posso melhorá-lo em tudo.*

Escreva essas afirmações em fichas de arquivo, leve-as consigo e leia-as sempre. Isso o torna receptivo a novas idéias e abordagens que podem mudar sua energia e gerar sucesso.

Afirmações para uma energia atraente

- Escolho um sistema de crenças saudável. É meu direito e meu futuro.
- Quem escolhe o que é verdadeiro para mim sou eu. A partir de agora descarto as crenças tóxicas ou indignas.
- Como penso de modo mais positivo, emito uma energia melhor e atraio resultados sempre melhores.
- Minha energia saudável e atraente depende de mim. Escolho criar uma mentalidade pacífica agora.
- Aceito a mim mesmo, meu valor e minha aparência. Faço da minha auto-aceitação uma prioridade.

CAPÍTULO 11

A Força da Intenção

Quarta Força Pessoal para o Sucesso

"Mantenha seus pensamentos no que você pretende criar. Fique sempre condizente com o campo de intenção e atente para as indicações de que o que você quer que lhe venha da Fonte mais criadora está chegando à sua vida."

Dr. Wayne W. Dyer

Nada do que você faz é sem objetivo, esteja ou não ciente disso. Qualquer ação, decisão ou comportamento que escolher adotar implica objetivos diferentes. Embora a ação possa não mudar, uma intenção diferente pode transformar totalmente sua energia e modificar as conseqüências atraídas para a sua vida.

Como exemplo, vejamos uma situação comum de trabalho que pode parecer positiva, mas que depende da intenção. Digamos que você faz um elogio ao seu supervisor. Se você de fato acha isso e quer compartilhar algo afirmativo, sua intenção e a ação são positivas, criam uma ressonância dignificante e lhe rendem resultados benéficos. Mas se está querendo bajular seu chefe, pensando numa promoção, sua intenção é manipuladora e sua energia ressoa com uma vibração densa e enganosa. Você pode obter o que quer, mas acabará magnetizando de outra pessoa algo enganador e controlador.

Seu elogio pode *parecer* amável, mas se for feito por desespero inverte totalmente a energia e, com isso, as conseqüências na sua vida. Tudo o que você faz é comandado por essa força. Quer esteja indo de carro para o trabalho ou assinando um cheque, você faz isso com intenção. O objetivo óbvio existe, claro, mas há também uma energia subjacente de que você pode não estar ciente, a *intenção da experiência*. É preciso considerar essa intenção.

Ao dirigir para o trabalho você pode fruir a viagem ou fazê-la preocupado com o que precisa realizar naquele dia. Enquanto assina o cheque pode se comprazer com a idéia do objeto que ele paga ou se preocupar com o pouco que restou na sua conta. Qual das opções você acha que trará melhores resultados?

Suas intenções mentais são uma força poderosa. Pense na quantidade de experiências pelas quais você passa diariamente com uma corrente subjacente de negatividade. Intenções de medo e ressentimento e comportamentos competitivos e manipuladores criam preocupação e depressão, energias negativas que aumentam o seu tormento.

Queira ser feliz!

Provavelmente você já ouviu falar em "profecias autocumpridoras". Isso é uma verdade científica. O foco da sua energia emocional pode fazer que o medo de algum problema se transforme num plano subconsciente para materializar esse problema. Você pode pensar que seu objetivo é a riqueza, mas, se morre de medo da pobreza, esse medo se torna a intenção que o orienta. É preciso passar do desespero para a determinação. Trabalhe para atingir seus objetivos, mas planeje viver feliz agora. Em tudo o que fizer, desfaça-se da negatividade e perceba o potencial de alegria.

Isso é válido sobretudo na busca dos seus sonhos. Sua intenção de riqueza (ou de qualquer outra coisa boa) deve ser pura, nunca orientada pelo medo. As pessoas me perguntam como é possível manter-se concentrado em seus desejos sem cair nesse poço emocional. Pense na diferença de energia entre desespero e determinação. O primeiro é uma necessidade de resultados baseada no medo. A segunda é a intenção de agir pacífica e persistentemente na direção dos seus sonhos, visando a criar felicidade desde já.

Essas experiências são extremos opostos. Largue a angústia e assuma uma intenção mais determinada, descartando seus medos quanto ao objetivo. Se você se desespera é porque atribuiu força demais ao resultado. Mas é possível readquirir controle voltando à intenção pura.

Para ter uma idéia do tipo de abordagem que está adotando, observe as afirmações a seguir e veja que grupo representa melhor a sua energia:

Intenções desesperadas

- Meu objetivo (trabalho, dinheiro, relação etc.) é o que me fará feliz.
- Sei que esse feito me trará o sucesso.
- Se atingir meu desejo serei aceito.
- Só me sentirei seguro quando progredir.
- Preciso conseguir isso rápido. Só pararei de trabalhar quando tudo estiver certo.

Intenções determinadas

- Posso me fazer feliz.
- Posso atingir meus objetivos depois e ainda assim me sentir bem-sucedido hoje.
- Posso escolher aceitar-me agora.
- Tenho a capacidade de criar agora todas essas emoções e experiências positivas. Escolho a confiança e me desfaço do medo.

Não fique obcecado por nenhum modo de concretizar seus sonhos emocionais; abra-se para todas as possibilidades de criar esses sentimentos agora. Se ficar ansioso em relação a um objetivo específico, visualize com otimismo o resultado que deseja. Então afirme: *Estou trazendo isso ou algo melhor para minha vida agora.* Isso o despertará para as muitas opções de todas as suas buscas. Confie no resultado dos seus desejos. Não há energia mais magnética do que a confiança e a flexibilidade, nem melhor modo de concretizar suas intenções.

Diário para o sucesso

Para renunciar genuinamente, olhe para suas intenções reais. Pergunte-se e registre no diário:

- Quando penso nos meus desejos, quais são minhas emoções? Preocupação e medo ou otimismo e esperança?
- Que resultado emocional (*não* financeiro) espero que esse objetivo me traga? O que posso fazer ou pensar para criar esse estado agora?
- Meu objetivo se baseia no medo ou é manipulador? Aumenta ou diminui meu senso de dignidade e honra?
- Minha intenção é otimista não só para resultados futuros como para atividades presentes? Se não: por quê? Que alternativa posso escolher?
- As intenções em torno do meu objetivo são conflitantes? Se são, em que motivação positiva e pura posso concentrar minha energia agora?

Aberto, claro e não conflitante

Seja muito específico, seguro e otimista em relação a suas intenções. Você precisa saber o que quer e deixar o Universo sabê-lo. Pensamentos conflitantes significam desejos frustrados. Diga: *Posso fazer isso. Vou fazer. Mereço!*, sem hesitações.

Não obscureça sua ordem universal com negatividade e resistência. Se você muda de uma intenção para outra, de desejo para dúvida, o Universo não pode saber a que atender e não lhe dará nada. Você pode pensar: *Quero uma nova relação*, e em seguida: *Já me magoei muitas vezes*. Ou querer uma promoção, mas temer que outros candidatos sejam mais qualificados. Esses conflitos envenenam sua energia e obscurecem sua consciência, afastando o fluxo universal. *Suas intenções devem ser claras, sem conflitos e abertas à recepção*. Mantenha uma visão firme do seu objetivo e emita-a. O Universo quer cumprir sua ordem, mas é preciso fazê-lo saber o que você quer.

Dicas para uma intenção vigorosa

Você pode ter mais controle sobre sua produção de energia incorporando diariamente estes indicadores:

- Toda manhã medite alguns minutos ou escreva sobre suas intenções para o dia. Veja-se executando as atividades, com uma clara consciência do seu objetivo, e faça isso de modo positivo, otimista.
- Empenhe-se em intenções mais positivas durante as atividades corriqueiras. Encontre um objetivo sincero na experiência de cada tarefa, e você mudará a natureza da sua energia.
- À noite, crie uma intenção para sua energia. Afirme: *Hoje vou dormir bem e acordar bem-disposto.*

Suas intenções são a base para o seu sucesso futuro — não as deixe se emaranhar em dúvida e confusão. Não negue suas capacidades nem menospreze seu valor, e jamais minimize a grande abundância de possibilidades do Universo. Um desejo puro sabe que o seu objetivo é acessível e realizável. Você o merece. Projete-o!

Afirmações para uma intenção pura e poderosa

- Examino melhor por que faço o que faço. Percebo que minhas intenções são forças poderosas na minha vida.
- Posso tornar minha vida feliz. É minha responsabilidade e minha intenção presente.
- Estou aberto para as muitas opções que o Universo me oferece. Há vários modos de concretizar meus sonhos.
- A cada dia fico mais consciente das minhas intenções.

CAPÍTULO 12

A Força da Escolha

Quinta Força Pessoal para o Sucesso

"Você é livre para escolher, mas as escolhas que faz hoje determinarão o que você terá, será e fará amanhã."

Zig Ziglar

A força pessoal dinâmica que liga todas as outras é a *escolha*. Mas quase sempre nos prendemos muito aos nossos hábitos e ignoramos que nossas opções estão abertas. Isso vale para nossas escolhas corriqueiras e também para as mais monumentais, que mudam a vida.

Muitas vezes nos limitamos seguindo as circunstâncias da nossa vida. Pensamos: *Não posso deixar o emprego porque preciso pagar a hipoteca.* Imaginamos que não podemos ter outro emprego só porque no passado decidimos ficar naquele. Freqüentemente nos mantemos presos a uma coisa só porque sempre fizemos aquilo.

> A cada momento nos deparamos com alguma escolha energética. Não só decidimos o que fazer como também determinamos o que pensar, acreditar, sentir e perceber sobre as situações em que estamos. No longo prazo, são nossas escolhas diárias que se unem para criar a tapeçaria da nossa existência. Esses são de fato nossos momentos definidores, as pequenas decisões contínuas que determinam a energia e a direção da nossa vida.

Nossos dias são cheios de escolhas inconscientes e conscientes, e as primeiras têm tanto poder quanto aquelas sobre as quais pensamos longamente. Mas quando assumimos o controle de todas as nossas possibilidades começamos a dirigir o impulso energético de nossa vida. Essa capacidade de escolher nos permite orquestrar o sucesso de dois modos básicos: na nossa escolha de atitude e de ação.

Atitude e ação

As escolhas que você faz giram sempre em torno de atitudes ou ações. As primeiras ligam-se à sua percepção e crenças, as duas partes fundamentais da consciência e da energia. Desse modo, sua atitude é um catalisador primário do que você magnetiza e manifesta; é a sutil combinação de pensamento e emoção concentrada numa questão. Quase sempre a boa atitude se baseia em convicções positivas e emoções alegres; a má surge de conclusões pessimistas aliadas a sentimentos de medo ou hostis. Você pode ter tido algumas atitudes terríveis no passado, mas não precisa adotá-las mais. Sua mentalidade cria a sua realidade, e quando as leis do sucesso estão envolvidas a atitude é *tudo*. Você escolhe como projeta cada dia, cada momento. Assim, escolha *agora* uma nova atitude positiva.

Examine as decisões que você toma quanto às suas ações. Durante todo o tempo você segue três cursos de ação principais — os comportamentos com relação a você, aos outros e aos seus objetivos. Eles podem melhorar sua vida ou destruí-la, e assim, se você não está seguindo comportamentos dignos e saudáveis, comece a fazer novas escolhas.

Diário para o sucesso

Pense nas atitudes e ações que você adota com relação às questões a seguir. Escreva as respostas no diário e determine-se a aplicar escolhas mais positivas à sua vida cotidiana.

Escolhas de atitude:

1. Qual é a sua atitude quanto à sua situação atual de trabalho?

- Quais são seus pensamentos sobre ela? Positivos ou negativos?
- Como você se *sente* quanto ao trabalho? Bem ou mal?
- O que pode mudar quanto às suas crenças para tornar seus pensamentos e sua atitude mais positivos?

2. Qual é a sua atitude quanto ao dinheiro?
- Que pensamentos e emoções você tem sobre o dinheiro?
- Eles o fazem sentir-se satisfeito ou ansioso e carente?
- Como você pode redefinir suas crenças sobre o dinheiro para criar sentimentos melhores?

3. Qual é a sua atitude quanto a perseguir objetivos?
- Relacione alguns dos seus pensamentos mais freqüentes quanto a cada objetivo.
- Como você se sente quanto aos seus objetivos? Esperançoso e resoluto ou descrente e hesitante?

No diário, escreva intenções e conclusões positivas para reverter quaisquer sentimentos negativos sobre esses tópicos. Crie a intenção de ter *apenas* crenças e emoções que irradiem uma consciência mais saudável e uma energia mais atraente.

Escolhas de ação:

1. Ações para si mesmo:
- Que comportamentos diários seus podem ser considerados degradantes? Relacione algumas escolhas novas que criariam um modo de vida mais positivo, atraindo resultados melhores.
- O que você pode fazer para implementar algumas dessas escolhas? Escreva sugestões e consulte-as sempre.
- Que comportamentos e ações diários seus tendem a dignificá-lo e ao seu modo de vida?
- Como você pode agir para fazer essas escolhas mais freqüentemente?

2. Ações dirigidas aos outros:

- Quais dos adjetivos abaixo classificam melhor o tipo de ações que você mais adota com os outros? Escolha um de cada par e escreva-os em uma folha à parte.

Amáveis	Desagradáveis
Confiantes	Temerosas
Compreensivas	Críticas
Flexíveis	Controladoras
Pacíficas	Hostis

- Por que você acha que escolheu esses tipos de ações?
- Que tipo de energia elas criam?
- Se optou por algum item da coluna da direita, que escolhas diferentes, capazes de criar uma ressonância mais harmônica, você poderia fazer nas suas crenças e comportamentos?

3. Ações que visam objetivos:

- Com que freqüência você age visando seus objetivos?
- Quando faz uma escolha entre agir com base nos seus sonhos ou em outra coisa, o que costuma ficar em primeiro lugar?
- O que você pode fazer para agir mais vezes e com mais energia na direção dos seus desejos?

Para ter sucesso nos seus objetivos, é preciso escolhê-los entre outras coisas, e então a força da escolha se liga à força do descarte. Pode ser que tenha de largar algum hábito ou satisfação pessoal para que seu objetivo seja a prioridade. Esta é uma das decisões mais libertadoras e capacitadoras que você pode tomar: *a escolha de descartar*.

Quantas vezes por dia você tem a chance de se apegar ou de se libertar? Seja um hábito espontâneo, um padrão de pensamento negativo ou uma emoção difícil, como medo ou raiva, você sempre tem a opção de mantê-los ou afastá-los. Mas muitas pessoas se sentem compelidas a se apegar, pensando que isso lhes dá força. Contudo, desapegar-se dessas coisas nos dá a força suprema.

Ao optar por se desfazer de algo, você se liberta do apego, do medo e da necessidade de controle, e com cada uma dessas decisões ganha *mais* força. Determine-se a se desfazer de velhos padrões, atitudes e hábitos negativos. Se até agora eles não o levaram até onde você quer ir, é porque não funcionam, por isso é preciso escolher outros.

Escolha ou conseqüência

No ritmo da sua vida, cada momento é uma escolha, e cada escolha tem conseqüências reais ou energéticas. Os resultados reais são fáceis de ver: se continuar comendo em excesso, vai engordar. Mas qual é o resultado energético? A ressonância da decisão de comer muito é degradante e emite mensagens de auto-abandono e auto-rejeição, atraindo pessoas e situações que promoverão ainda mais esses sentimentos.

Ao escolher um curso de ação, duas perguntas ajudarão a descobrir a natureza energética das conseqüências: *Essa escolha me honra? Aumenta meu senso de dignidade e mantém minha integridade?* Se puder responder *Sim*, qualquer que seja a decisão tomada você saberá que escolheu a opção mais elevada. O Universo quer apoiar a energia que o honra, e você pode estar certo de que cada escolha que fizer com essa intenção lhe trará força genuína e bênçãos!

Afirmações para escolhas saudáveis, felizes e vigorosas

- Todas as minhas decisões diárias me definem e determinam minha energia. Faço escolhas positivas e honrosas no pensamento, nas palavras e nos atos.
- Escolho atitudes mais positivas para mim mesmo, meus objetivos e minha vida.
- Escolho viver livre do medo, da preocupação, da inveja ou do julgamento. Escolho descartar essas coisas e viver em paz.

CAPÍTULO 13

A Força do Amor

Sexta Força Pessoal para o Sucesso

"O amor é um ingrediente essencial para o sucesso. Sem ele sua vida cai no vazio; com ele, vibra com carinho e satisfação."

Glenn Van Ekeren

Quando falo da força do amor para meus clientes, eles costumam relutar. Um executivo disse: "Até aqui eu concordei com você, pois a parte científica faz sentido. Mas... amor?"

Essa reação é comum. Quando as pessoas compreendem a aplicação humana da física quântica, percebem que sua consciência, energia e intenção têm grande poder em suas vidas. Mas quando se trata de sucesso querem saber: "O que o amor tem a ver com isso?"

O amor é uma força muito real, tanto no Universo quanto nos indivíduos. É uma energia que pode ser sentida não só no aspecto romântico. Sua força vibrante e criativa move-se livremente pelo mundo. Quando alinhamos nossa energia pessoal de amor com essa corrente universal, não há nada que não possamos alcançar.

A vibração é de ausência de ódio e de medo. A escolha de vivenciar e promover amor faz que você veja o valor real em sua vida. Quando você escolhe abordar qualquer coisa com amor, estimula a ação das Leis de Sucesso das seguintes formas:

1. *Lei da Manifestação.* Opte por uma percepção calma e afetuosa de si mesmo e dos outros. Quando você está mais ciente de todas as formas do amor em sua vida, cria respostas amáveis do Universo, manifestando-se em experiências maravilhosas.

2. *Lei do Magnetismo.* O amor é a energia mais magnética que se pode projetar. Quando você escolhe uma atitude de amor, liberta-se da confusão, da pressa e da dúvida. Então respire fundo, desapegue-se de suas preocupações e afirme: *Eu escolho o amor.*

3. *Lei do Desejo Puro.* Um coração amoroso é cheio de esperança e empolgação. O afeto por si mesmo garante a sua crença no futuro e em suas metas, o que o torna mais capaz de se desapegar delas. E isso purifica o seu desejo e acelera seus resultados.

4. *Lei da Intenção Paradoxal.* Intenções de amor fazem a confiança substituir o medo em sua vida e ser sua energia predominante. Você pode colocar intenções amorosas em tudo o que faz.

5. *Lei da Harmonia.* A chave para a harmonia é viver com honra e aceitação do amor, livrando-se do julgamento e da hostilidade e se abrindo para a tolerância e a compaixão.

6. *Lei da Ação Correta.* Tratar o mundo com amor é a maior das ações corretas. Ele lhe responderá com assistência, apoio e bênçãos. Quando se vir numa situação em que não sabe o que fazer, pergunte-se: *Como posso trazer amor para esta experiência?* E então o faça.

7. *Lei da Expansão de Influência.* Sua intenção de espalhar a energia do amor expande a paz e a positividade em sua vida. Quando essa intenção se estende à sua família, aos negócios e à comunidade, ela expande a paz no mundo. Com isso você obtém em retorno serenidade e prosperidade, para emitir ainda mais e manter esse ciclo eterno.

Deixe o amor fluir

Não interessa em que Lei Universal esteja trabalhando, você nunca erra quando escolhe espalhar amor em sua vida. Comece se amando, pois sem amor-próprio vive-se com medo e instabilidade, e nada positivo pode vir daí.

Este é um ponto energético central: amor-próprio não é arrogância ou convencimento, é o ponto de partida para a habilidade de valorizar tudo e todos. Olhe-se no espelho e afirme que você se ama e se valoriza. Pare de procurar por erros e comece a reconhecer suas qualidades. Não se engane: é impossível não gostar de si mesmo e obter sucesso.

Também é uma boa idéia fazer coisas boas para você. Criar uma atmosfera que o inspire, em casa e no trabalho. Tirar alguns minutos para relaxar e se recuperar. Encorajar-se e se parabenizar pelos trabalhos bem-feitos.

Quando você estabelecer sua energia de amor-próprio, poderá estendê-la dirigindo-a aos corações das pessoas que o cercam. Sorria e transmita afeição em seu olhar da mesma forma que faz quando olha um amigo.

Emita essa afeição também por suas mãos, sua voz e seus movimentos, em cada atividade. Visualize uma energia amorosa fluindo de seu coração para outros corações.

O processo de emissão de amor

Se você está tendo dificuldade com uma situação ou pessoa, mandar energia de amor nessa direção pode ajudar muito.

Comece pensando em com quem você está lidando. Respire fundo e repita "amor" várias vezes. Você pode resistir a isso se estiver lidando com uma pessoa rude ou um problema difícil, mas não se oponha. Respire fundo e entregue a questão ao Universo.

Continue respirando fundo e repetindo a palavra *amor*, e então faça uma prece pedindo pela melhor solução. Logo começará a sentir suas emoções mudando, e se repetir esse processo sempre que a questão vier à sua mente verá uma mudança também na situação.

Fiz esse processo em várias ocasiões, com resultados incríveis. Alguns anos atrás, por exemplo, aluguei um equipamento de gravação para um seminário que faria fora da cidade. Precisaria usá-lo por duas semanas, então a tarifa foi bem alta. Dois dias depois de alugá-lo resolvi testá-lo, e não estava funcionando direito. Liguei para a empresa dizendo que iria devolver o equipamento, e o responsável, Mike, disse que não poderia restituir meu dinheiro, pois isso só seria possível se a reclamação tivesse ocorrido até um dia depois do aluguel. Tentei argumentar, mas ele foi irredutível. Discutimos, e eu disse que devolveria o equipamento naquele dia, de qualquer forma.

Quando entrei no carro para ir lá estava furiosa, pois sentia que Mike estava sendo injusto. Afinal, o seu equipamento estava defeituoso. Mas quando comecei a dirigir reconsiderei. Disse a mim mesma: *Vou emitir amor para essa situação, e ver o que acontece.*

O estúdio ficava a meia hora da minha casa, e passei todo esse tempo emitindo amor para o gerente. Visualizei-me fazendo comentários de apreciação voltados para o estúdio, e repeti sem parar a palavra *amor*.

Continuei a fazer isso, respirando fundo, e aos poucos fui me acalmando. No meio do caminho já estava em paz, disposta a aceitar o que quer que acontecesse. Minha motivação não era mais ter meu dinheiro de volta, mas sim buscar harmonia para aquela situação.

Quando cheguei lá, pedi para falar com Mike. Quando ele apareceu, começou a verificar a máquina, perguntando-me qual era o defeito. Não o confrontei nem tentei manipulá-lo. Apenas expliquei o problema e continuei a emitir amor.

Então ele olhou para mim e disse: "Nunca fiz isso antes, mas vou quebrar o seu galho". Achei que me devolveria uma parte do dinheiro, mas era melhor que isso. Mike devolveu *todo* o meu dinheiro. Como se não bastasse, me emprestou outro gravador sem cobrar.

Quando ele levou o equipamento para os fundos do estúdio, o homem que estava trabalhando no balcão e que ouvira a discussão inicial me disse: "Ele nunca fez isso. Não sei o que você falou para fazê-lo mudar de idéia".

O que eu falei foi a palavra *amor* — muitas e muitas vezes, em minha mente e em voz alta, direcionando-a para ele.

> O amor traz paz para a animosidade e solução para a dificuldade. É uma das intenções mais poderosas que se pode ter, e das mais poderosas ações que se pode tomar. Expresse-o, sinta-o e permita que ele esteja em sua atitude.

Da próxima vez que enfrentar algo a que não sabe como responder, emita amor. Quando alguém for um problema em sua vida, emita amor. Mesmo quando não houver nada em particular acontecendo, apenas pare, feche os olhos e emita amor. Isso é uma força energética *real*.

Afirmações para viver com amor

- Vejo-me e vejo minha vida com olhos amorosos.
- Em minha atitude em relação a mim e aos outros, escolho o amor.
- Livro-me do julgamento, da crítica e do conflito. Opto pela paz.
- Busco alegremente a oportunidade de ajudar os outros, ter compaixão e ser útil.

PARTE III

As Cinco Energias Magnéticas do Sucesso

CAPÍTULO 14

A Energia da Confiança

Primeira Energia Magnética do Sucesso

"Podemos mudar nossa vida inteira e a atitude das pessoas que nos cercam simplesmente mudando a nós mesmos."

Rudolf Dreikurs

Quando se fala de sucesso, a primeira e mais magnética energia é a da autoconfiança. A falta de confiança no próprio valor e habilidades é um dos maiores impedimentos para o sucesso. Como você se vê? Acha que é capaz e digno?

Mesmo se você nunca acreditou nisso, ainda pode mudar as coisas. Você tem o poder de gerar a confiança que precisa ter agora. Não há padrão energético que não possa ser mudado, e se você se dispõe a investir um pouco de tempo e esforço nisso poderá usar as forças apresentadas na parte II deste livro para transformar sua visão de si mesmo.

A confiança pode ser seletiva. Por exemplo, podemos nos sentir bem em um esporte, mas inseguros no mundo dos negócios; seguros no trabalho, mas incapazes no campo amoroso. Em geral sabemos se temos ou não o tipo de confiança necessária para alcançar o sucesso.

> Nossa confiança vem em grande parte de nossa auto-imagem. A forma como você se vê liga-se ao que espera de si mesmo. Quando você tem uma auto-imagem negativa, presume que terá sempre um mau desempenho, e isso se tornará realidade. Mas se tem uma imagem positiva espera o melhor, e sua consciência cria essa realidade.

Um exemplo: digamos que você tinha dificuldade em falar em público quando era mais jovem; que ficava ansioso e gaguejava durante a apresentação. Isso fez que você se visse como um fracasso nessa área, e passasse a achar que essa "verdade" o acompanharia pelo resto da vida.

Muitos anos depois, se alguém lhe pede para fazer um discurso no trabalho, você tem uma imagem espontânea do passado, e, mesmo sabendo que não gaguejará dessa vez, imediatamente produzirá os neuropeptídeos que combinam com a antiga sensação de medo. Isso acabará de vez com a sua auto-imagem em relação a essa questão.

Parece um círculo vicioso, em que um fracasso leva a uma imagem negativa, que leva ao fracasso. Mas calma, há boas notícias. Não interessa o que aconteceu no passado, você sempre tem a opção de criar uma nova auto-imagem.

Como? Lembre-se de que o cérebro não consegue distinguir a imagem entre algo vivido e algo imaginado. Suas experiências visuais são compostas tanto pelas memórias de imagens do passado quanto por informações geradas por expectativas específicas. Se você substituir as cenas pelas expectativas, poderá mudar sua observação da realidade, assim como o que é criado pela sua consciência!

Utilizei esse conceito quando trabalhei com um cliente que tinha fobia de falar em público. Quando Tom me procurou tinha 35 anos, e enfrentava um dilema no trabalho. Havia subido rapidamente em sua empresa e iria receber uma grande promoção. O único problema é que aí teria de fazer apresentações para auditórios lotados, e só de pensar nisso entrava em pânico.

Comecei ensinando-lhe técnicas de relaxamento, junto com afirmações para desapegar-se de suas imagens do passado, que ele usaria sempre que os velhos pensamentos lhe viessem à mente. E então iniciamos o processo de criação de novas imagens e emoções.

Na primeira sessão criamos uma cena em que Tom estava no palco de um grande auditório vazio. Como não havia ninguém, ele se viu falando com confiança, conforto e até mesmo prazer. Na sessão seguinte eu lhe disse para imaginar uma única pessoa na audiência, alguém que fosse encorajador. Ele escolheu sua mulher. E novamente se viu falando com entusiasmo.

Repetimos esses dois cenários seguros antes de prosseguir, acrescentando aos poucos mais pessoas à cena. Em todas as "tomadas" ele se via como um grande orador, e relacionava à cena sensações de prazer, conforto e relaxamento. Depois de muitas sessões Tom finalmente se imaginou falando para uma platéia lotada. E se viu divertindo-se com isso!

Após seis meses chegou o grande momento. Ele teria de discursar para cerca de 700 pessoas. Estava nervoso, mas também entusiasmado.

Sua apresentação foi um grande sucesso. Ele se mostrou relaxado e divertido, e sequer precisou da medicação que costumava usar. Agora conduz seminários para milhares de pessoas sem pensar duas vezes. Suas imagens modificadas criaram uma nova consciência.

Seja qual for o problema que você estiver enfrentando, e que imagens negativas o atormentem, isso *pode* ser revertido. As imagens que você adota hoje só representam uma parte de sua história, não a sua verdade — ou o seu futuro.

A investigação a seguir o ajudará a identificar seus quadros negativos e libertar-se deles. Faça isso até criar novas imagens, que serão a fonte de uma nova e bem-sucedida realidade.

Mudança de auto-imagem

Comece listando algumas imagens que tem hoje e identificando-as como positivas ou negativas de acordo com o que despertam em você. Acrescente e identifique mais imagens quando se lembrar delas, e siga estes passos:

- Para cada imagem negativa, escreva a conclusão pessimista correspondente. (Ex.: Estou muito gordo, e nunca emagrecerei. As pessoas não gostam de gordos, então jamais alcançarei o sucesso.)
- Escreva algumas afirmações libertadoras para cada conclusão. (Ex.: Liberto-me de qualquer imagem ou julgamento sobre meu peso. Mereço ser aceito como sou. Vejo-me como alguém saudável, forte e atraente.)
- Faça uma descrição detalhada de cada nova imagem positiva. (Ex.: Vejo-me com ótima aparência, bem-vestido e em forma. Estou sorridente, feliz e confiante.)
- Visualize suas novas imagens. Primeiro respire fundo algumas vezes para relaxar, então veja todo o quadro, em detalhes e com alegria.
- Volte a essa imagem por ao menos 5 ou 10 minutos todos os dias. Saiba que ela representa a sua *verdadeira* realidade.

Só *você* pode decidir como se perceber e imaginar. Reinvente-se. Uma vez que o mundo o tratará da forma como você se vê, está na hora de optar por se enxergar com melhores olhos. Veja-se como alguém capaz e merecedor, sempre.

Afirmações para uma confiança carismática

- Escolho ter-me em mais alta conta. Sei que mereço minha própria consideração.
- Acredito em mim. Valorizo minha integridade e meu mérito.
- Amo minha vida e a mim mesmo. Sou valoroso e especial do jeito que sou.
- Escolho acreditar apenas em meu melhor. Estou aprendendo a me amar e me aceitar incondicionalmente. Tenho tudo de que preciso para criar o que quero.

CAPÍTULO 15

A Energia do Otimismo

Segunda Energia Magnética do Sucesso

"... veja-o (o que você quer) como um fato real — e tudo de bom que você desejar será seu."

Robert Collier

A segunda energia magnética mais importante é o otimismo, cuja atitude é de suposições positivas, de que tudo sairá bem. É ligada ao tema do capítulo anterior, a confiança, pois é mais simples para uma pessoa otimista ser autoconfiante, e mais fácil para uma pessoa confiante ser otimista. Assim, quando você decide trabalhar uma dessas energias, é obrigado a aumentar a outra.

Há um tipo especial de otimismo — uma segurança de que, não importa o que esteja acontecendo agora, o mundo lhe trará boas coisas —, que é parte importante de sua consciência PIE, pois expectativas positivas projetam uma consciência dinâmica e criativa, transformando esperança em realidade e gerando uma energia que atrai as bênçãos do Universo.

Arrastar-se no medo X *prosperar no fluxo*

Os pessimistas enchem suas consciências de preocupações, mesmo sem perceber. Tornam-se tão consumidos pelo medo e pelas expectativas negativas que se esquecem de que podem olhar as coisas de outra forma.

Já os otimistas são mais conscientes desses padrões de preocupação. Percebem quando eles estão tomando conta, e optam por intervir. Um otimista pensa: *E se tudo terminar bem?*, ao passo que o pessimista se pergunta: *E se tudo desmoronar?*

Um pessimista presume sempre o pior, e sua energia de medo e dúvida atrairá exatamente os resultados que ele teme. É muito fácil ser preso nesse círculo vicioso. Preocupações causam perdas, que causam mais ansiedade. E o medo se torna um obstáculo para as energias de solução e sucesso.

> O otimismo produz resultados positivos, gerando expectativas ainda mais esperançosas. Uma atitude "para cima" cria o tipo de felicidade que perdura mesmo quando os resultados que você espera demoram.

Quais destas atitudes você tende a adotar?

Pessimista	**Otimista**
Tende sempre ao medo e à preocupação.	Sente-se confortável com o presente e confiante no futuro.
Vê os fatos negativos como alterações potenciais e até irreversíveis em sua vida.	Isola os problemas individualmente e os vê como temporários.
Sente-se fraco, como se não fosse dar conta das coisas.	Busca soluções e toma providências.
Tende a ser nervoso, a sentir-se incomodado.	Tende a ser espontâneo e a se divertir.
Tende menos à ação e mais a hábitos e vícios.	Tende ao equilíbrio, à ação e à sociabilidade.
Deprime-se facilmente com as circunstâncias externas, e cada novo problema piora a situação.	Pode deprimir-se por algum tempo, mas logo se recupera e desapega-se do passado.

É fácil ver que os padrões da segunda coluna criarão mais tranqüilidade, mas há muitas outras razões para se adotar essa atitude. Estudos mostram que pessoas otimistas têm menos doenças infecciosas, ou se recuperam delas mais facilmente. Também vivem mais e têm menos doenças graves. Um estudo com octogenários mostrou que a longevidade relaciona-se à capacidade de se recuperar das perdas e olhar para o futuro.

Além das questões biológicas e psicológicas, a maior motivação para se tornar otimista é que, mudando sua energia, você muda a sua vida. Além de se tornar mais feliz, você atrai pessoas mais positivas. E o auxílio do Universo se manifesta de formas surpreendentes. Desde uma boa vaga no estacionamento até o emprego de seus sonhos, você atrai muito mais coisas boas quando se torna otimista.

Deixe o pessimismo para trás

A escolha de se tornar otimista pode não ser fácil, mas vale a pena. Como a maioria das decisões importantes, você não a toma uma só vez, mas todos os dias. Aproveite todas as oportunidades para escolher novas abordagens e atitudes que o libertem dessa prisão mental.

Se você tem sorte, sua postura tristonha é apenas um medo passageiro relacionado a alguma questão delicada. Mas a maioria dos pessimistas não consegue fugir do processo de antecipação negativa. Pensam que se preocupando o suficiente saberão como lidar com os problemas que podem surgir. Mas se preparar implica planejar, e não preocupar-se. *E um foco negativo nunca trará resultados positivos*. Então é melhor cancelar a negatividade simplesmente *agindo*.

Diário para o sucesso

Quando a preocupação o dominar, lembre-se das conseqüências disso fazendo-se as perguntas a seguir. Repita esse processo em seu diário até torná-lo um hábito.

- O que esse pensamento negativo está gerando em meu emocional?

- Está resolvendo algum problema?
- Ele me dignifica, fortalece ou faz que eu me sinta melhor? Se não, a que conclusão posso chegar?
- Que tipo de energia esse pessimismo cria? Quero manter essa vibração?
- Que resultados essa ressonância produz?

Preocupar-se não o protege de nada; só o faz infeliz no presente e atrai mais problemas no futuro para você. Então, é preciso atacar suas tendências negativas. Quando enfrentar um problema difícil, pare e escreva sobre isso. Liste as coisas que o preocupam e depois escreva algumas conclusões otimistas para revertê-las. No fim, afirme: *Isso não tem tanta importância. Posso me despreocupar.* Ou melhor ainda: *Sou forte. Posso lidar com qualquer coisa. Tudo vai ficar bem.*

Afirmação-proclamação

Algumas pessoas tendem a rejeitar o uso de afirmações, mas elas podem ser uma ferramenta poderosa na transformação da energia e da consciência. Ajudam também a projetar uma energia magnética forte, neutralizando o pensamento negativo espontâneo.

Se você está lidando com uma questão difícil ou uma convicção destrutiva, pratique a técnica da saturação de afirmações. Cubra-se de conclusões positivas para reverter o padrão; repita as afirmações — centenas de vezes por dia, se preciso — até sentir uma mudança de atitude. O que quer que esteja acontecendo, é sempre bom olhar-se no espelho e afirmar: *Eu me amo e valorizo. Espero e mereço o melhor hoje e sempre.* Ou então: *Eu acredito em você. Você merece ser feliz.*

> Afirmações são o começo da mudança, o começo da criação do destino. No princípio de todas as coisas era o verbo. Faça que ele seja positivo.

Você pode aprender novos truques otimistas. Faça o que for preciso para silenciar a voz de seu inimigo interno que não aceita o melhor. Pare e distraia-se, intervenha, desapegue-se e afirme. *Force-se* a primeiro neutralizar seus pensamentos negativos, para então transformá-los em otimismo.

Quando a adversidade surgir, lide com ela, mas nunca deixe que o domine. Viver no pessimismo faz de *você* o seu maior obstáculo, pois cria pensamentos conflitantes e intenções contraditórias. Se você quer alcançar sua meta, mas é pessimista em relação aos resultados, está mandando sinais dúbios ao Universo. Já o otimismo criará um estado de determinação, pensamentos coerentes e intenção pura, e o Universo será obrigado a responder a essa força.

Afirmações para um otimismo irresistível

- Não interessa o que aconteça, a partir de agora opto pelo otimismo.
- Estou tranqüilo. Sou criativo. Acredito em mim e no meu futuro.
- Sou espontâneo, alegre, ativo e esperançoso.
- Recuso-me a ter medo. Otimismo é a minha nova atitude.
- Sou otimista em tudo o que faço, penso e escolho.

CAPÍTULO 16

A Energia do Propósito

Terceira Energia Magnética do Sucesso

"Propósito é algo maior que você mesmo. Transforma quem você é em quem deve ser."

Benjamin Earl Taylor Jr.

Você tem um propósito na vida? Tem um princípio ou meta que direcione suas escolhas e o impulsione? Se não tem, pode estar gastando energia movendo-se em várias direções sem nunca alcançar o destino que escolheu.

Qual é o seu propósito básico? Pense um pouco nisso, e se a resposta relaciona-se a trabalho pense novamente — pois esse é o seu propósito *profissional*. Se está relacionada à família, esse é o seu propósito *pessoal*. Seu propósito básico não se relaciona a algo externo, mas sim à sua vida interior. Em sua passagem pela vida há algo maior a ser alcançado — maior do que ter fortuna ou fama. Trata-se da única coisa que você levará quando deixar esta vida: seu crescimento pessoal e espiritual.

Só *você* pode determinar qual é o seu propósito espiritual, ainda que para a maioria das pessoas trate-se de amor. Seja aprendendo a se importar com você ou com os outros, ou a buscar uma melhor relação com Deus e o Universo, o amor é o nosso maior ensinamento.

A opção pelo amor é um propósito espiritual poderoso; significa transformar uma vibração densa, pesada, terrena, em outra mais leve, fluida e atraente. E quanto mais você assume esse propósito como prioridade mais essa vibração se expande em sua vida, atingindo também os aspectos pessoais e profissionais.

Há muitas pessoas que se esforçam para achar seus propósitos — espirituais, pessoais, profissionais. Parte do problema é a confusão entre propósito e motivação. Pagar o aluguel pode ser uma motivação, mas não é um propósito de vida. Muitas vezes as pessoas são tão dirigidas por necessidades imediatas que estas — e não os propósitos — se tornam as forças impulsionadoras em suas vidas. Mas para alinhar-se com as Leis Universais é preciso determinar qual o seu propósito e então honrá-lo com paixão.

Paixão + Propósito = Força

Muitas pessoas fantasiam sobre o sucesso sem saber como alcançá-lo. Dizem querer dinheiro ou fama, mas quando alguém lhes pergunta como alcançarão isso não têm a menor idéia. E sem esse ponto de partida não há como converter desejo em realidade.

Há uma grande diferença entre as pessoas que sonham e as que fazem. Os sonhadores se vêem tendo ou fazendo grandes coisas, mas não sabem como conquistarão isso. É o caso das inúmeras pessoas que, insatisfeitas com seu trabalho, sonham em receber uma herança ou ganhar na loteria.

Já as pessoas que fazem, diferentemente dos sonhadores, determinam em que buscas se envolverão. Têm sonhos, mas sabem que é necessário agir para torná-los realidade. Trabalham sobre uma fundação sólida de propósito pessoal, planejamento, atividade e paixão — e isso acelera sua energia.

Então, como encontrar um propósito apaixonante? Algumas pessoas descobrem cedo o que desejam, direcionadas por um talento ou convicção interna. Mas um número surpreendente de indivíduos não escolhe conscientemente sequer suas profissões. Muitos aceitam um emprego temporariamente aos 18 anos e se vêem na mesma carreira 30 anos depois. Quando têm sorte, essa trilha lhes traz felicidade e satisfação; mas poucos alcançam isso tendo assumido uma profissão por acaso. E se ganham ao menos o suficiente para sobreviver, mesmo não sendo felizes, caem na armadilha.

A armadilha é o medo, que aprisiona suas esperanças e sua imaginação. A porta da gaiola se fecha quando você se vê ganhando dinheiro com aquilo de que não gosta, e teme não ganhar o mesmo se adotar a carreira que ama.

A ironia é que você está disposto a desistir da felicidade para conseguir o dinheiro que acha que lhe trará felicidade! E isso pode durar anos, décadas, até uma vida inteira.

As pessoas pensam: *Estou fazendo isso há muito tempo; é tarde demais para começar de novo.* Mas nunca é tarde para encontrar um propósito que desperte sua paixão e seja voltado para algo de que você goste mesmo.

Diário para o sucesso

Aqui estão algumas dicas para determinar o seu propósito e apontar quais metas e atividades podem acender sua paixão.

- Liste algumas coisas que o definem. Inclua interesses pessoais e atividades de que você gosta.
- Dê uma olhada nessa lista e anote os *hobbies*, metas e trabalhos que se relacionam a esses interesses. Quando não tiver certeza, pesquise.
- Examine essas respostas. Qual dessas atividades pode tornar-se um propósito profissional para você? Qual o apaixona mais?

Seu propósito deve refletir seus valores pessoais. Se está em conflito com suas crenças, você sempre se sentirá desequilibrado. Isso envenena a sua energia, e não se pode ser feliz assim.

Com isso em mente, passe para as etapas seguintes:

- Liste algumas das coisas que você mais valoriza.
  Tudo bem se isso incluir dinheiro, mas não se restrinja a isso.
  (Ex.: tempo com sua família e amigos, buscas espirituais etc.)
- Qual propósito — pessoal ou profissional — ajudará a priorizar esses valores?
- Como tornar esse propósito parte de sua vida cotidiana?

Essas questões são fundamentais, e precisam de respostas honestas se você quiser criar um sucesso *genuíno* em sua vida.

Afirmações para um propósito forte

- Meu propósito é uma vida feliz e promissora.
- Todos os dias busco amor, entendimento e autodomínio.
- Vivo com paixão e força pessoal. Ajo em meu próprio nome.
- Mantenho-me centrado e focado em minha meta.
  Tenho um propósito.
- É seguro buscar minha felicidade. Faço escolhas que honram meu espírito.

CAPÍTULO 17

A Energia da Presença

Quarta Energia Magnética do Sucesso

"Para todo o sempre há apenas um agora, um único agora; o presente é a única coisa que não tem fim."

Erwin Schrödinger

Há um provérbio que diz: "O hoje é um presente; por isso tem esse nome". Isso pode soar apenas como algo bonitinho de se dizer, mas é importante ver a sua verdade energética. *Nós criamos, energeticamente, nossa realidade a cada momento.* É isso que torna cada segundo tão precioso, um presente — a oportunidade de escolher uma nova abordagem, que fará a diferença em nossas vidas.

Cada momento que descartamos é um ato de rejeição, e a resposta do Universo será rejeitar nossos desejos. Mas se reconhecemos o valor de cada instante, vendo a beleza e a abundância oferecidas, mudamos radicalmente nossa energia e os resultados que obteremos no futuro.

Muitos de nós gastamos o tempo preocupando-nos com o futuro e remoendo dificuldades do passado. O resultado disso é a perda da força potencial do presente. Não é possível conseguir uma energia mental e emocional correta com esse comportamento.

Viajante do agora

Freqüentemente não damos total atenção ao presente porque não o achamos especial o suficiente. Vemos nossas vidas como uma série de coisas mundanas e medíocres, com apenas alguns eventos felizes, e ficamos esperando por algo especial para nos tirar do abatimento. Enquanto isso não acontece, ficamos irritados, frustrados ou entediados.

Infelizmente muitas pessoas vêem a vida assim. Estão apenas "matando tempo" enquanto algo melhor não chega. Se você está sempre rejeitando e desvalorizando períodos significativos de sua vida, terá como retorno padrões equivalentes. Rejeitar o presente cria uma consciência de falta em sua própria existência.

Você deve se perguntar: *Com que freqüência me sinto como se estivesse apenas cumprindo uma formalidade?* Você tem sempre a opção de valorizar o seu presente e criar nele uma energia positiva.

> Cada vez que alcança uma nova percepção, uma nova forma de ver as coisas, você altera a sua produção de energia. E, se escolhe um ponto de vista positivo e digno, confere poder a cada instante – até mesmo a atividades corriqueiras, como dirigir ou arrumar a casa. Cada momento é especial.

Tempos atrás ouvi uma frase maravilhosa de Louise Hay: *O poder está sempre no momento presente.* Não há solução no passado nem no futuro. Quando você se ocupa do presente, não tem de se preocupar com mais nada, pois, energizando-o com valor, otimismo e gratidão, o resto virá por si mesmo.

As Leis Universais respondem diretamente à sua atitude perante sua vida atual. Pare de esperar por algum fato "especial" para se divertir. A qualidade de seus dias vem de sua atitude e de sua intenção. Mais que ter consciência das coisas que vivencia, você tem de *valorizá-las*.

Satisfazer-se com o "aqui e agora" é fundamental para sua felicidade futura. Sem valorizar o presente, você acaba com o valor do que está por vir. Então, não passe a vida esperando, pensando que algum dia você será feliz e rejeitando a chance de sê-lo agora. Assuma o controle de suas intenções e atitudes imediatamente, e decida-se a desfrutar do presente.

Diário para o sucesso

Para trabalhar em sua energia atual, responda às perguntas a seguir.

- Que tipo de pensamentos e emoções tenho *hoje*?
- Reconheço o valor de minhas atividades atuais ou vejo-as como uma carga?
- Que conseqüências energéticas isso pode estar gerando?
- A que tipo de conclusões posso chegar para ver as coisas de forma diferente e mudar minha atitude e minhas emoções *agora*?
- Como posso dar valor a mim mesmo ou a minhas experiências *agora*?

Você está disposto a fazer o que for preciso para alcançar valorização e felicidade hoje, e parar de esperar? *Talvez não perceba, mas* este *é o maior momento de sua vida.* Você não pode retroceder e fazer algo no passado, nem agir no futuro. Cada momento é uma definição. Pergunte-se: *O que escolherei agora? E agora?* É hora de assumir o controle. Você *pode* fazê-lo. Dê o presente a si mesmo!

Afirmações para uma presença poderosa

- Sempre vejo o real valor do momento presente e a oportunidade em cada atividade.
- Busco a alegria em minha vida agora, e ajo para criá-la em tudo o que faço.
- Este é um novo dia, uma nova oportunidade. Posso adotar uma nova atitude agora.
- Aproveito o presente e confio no futuro. Vejo minha vida como uma aventura que crio a cada dia.
- Não preciso me preocupar com o futuro ou remoer o passado. A partir de agora, me concentro no presente.

CAPÍTULO 18

A Energia da Gratidão

Quinta Energia Magnética do Sucesso

"Há uma lei inerente que diz que tudo o que é elogiado se desenvolve. Toda a criação responde ao elogio e à gratidão."

Charles Fillmore

A gratidão é uma das vibrações mais valiosas em nosso campo pessoal. Trata-se de reconhecer conscientemente o valor em nós e ao nosso redor, da disposição de perceber as coisas boas que já temos, e do desejo de viver com essa atitude. Mas você tem de assumir essa postura no "aqui e agora".

> Mesmo não percebendo, cada vez que se sente feliz você entra num estado de gratidão. O que quer que o empolgue, isso significa que você agradece por alguma coisa. Quanto mais você sente essa ressonância, mais cria uma vida feliz.

Essa é uma experiência que liberta e fortalece, pois você não tem de esperar pela felicidade futura, por mais dinheiro, um novo amor ou um trabalho melhor para sentir-se bem. Pode escolher adotar a gratidão agora. E quando decide realmente senti-la traz a alegria para a sua vida cotidiana.

De que estado você vem?

Quando olhamos nossas vidas emocionais, vemos que nosso humor é facilmente moldado por circunstâncias externas, e a maioria de nós é mais sensível a influências negativas que a positivas. Mas o que está por trás dessas variações?

Como já vimos, a gratidão está presente em cada sentimento de felicidade. E o oposto é verdadeiro para sentimentos negativos: por trás da maioria deles está algum tipo de insatisfação. E você? Procura se divertir no presente e reconhece o que já tem? Ou olha para sua vida e vê tudo o que falta? Se for este o caso, saiba que essa atitude afeta sua consciência e sua energia, perpetuando o desânimo que você já sente.

Algumas pessoas vivem em um constante estado de insatisfação. Resmungam, reclamam do que está errado e focam o que lhes falta. Parece que nada é satisfatório para elas, e infelizmente sua energia torna isso verdade. *Faz parte das Leis Universais: as coisas em que você se concentra aumentam em sua vida.*

Ao escolher se concentrar no que lhe falta, você opta por ficar obcecado pelo problema, em vez de buscar a solução. Isso torna impossível estabelecer uma consciência de sucesso, pois tudo passará por essa noção de privação.

Por exemplo, tive muitas clientes que estavam sempre insatisfeitas com seu peso.

Outros focam em dinheiro e aquisições. Não interessa quanto ganhem ou o que já possuam; nunca é o suficiente. E enquanto não escolherem estar satisfeitos com o que têm não conseguirão atrair o que acham que precisam para ser felizes.

Insatisfação eterna?

Que fenômeno é esse de ter mais e ser menos grato? Quando temos coisas demais, deixamos de perceber o seu real valor em nossas vidas, e passamos a precisar de mais ainda para nos estimular.

Mas essa não é a única fonte de nosso anseio. Tendemos a acreditar que a obsessão com nossas faltas nos forçará a encontrar uma solução.

Estamos sempre analisando e julgando para ver se algo ou alguém tem valor, e isso é resultado da cisão entre mente e coração.

A mente procura problemas, o coração vê soluções. Não interessa o que nos acontece, é o que está dentro de nós que causa o sofrimento. Mas o que aconteceria se parássemos de analisar e de nos preocupar; *se simplesmente deixássemos a insatisfação de lado?* Isso transformaria a necessidade de competição em compaixão, e a obsessão com aquisições em gratidão pelo presente. Nossa energia mudaria de resistente para receptiva.

Viver regido pelo coração é a chave para a criação de um destino espetacular. Busque motivos em sua vida e dentro de você para sentir-se grato. Praticando isso você verá grandes mudanças tanto no seu cotidiano atual como no longo prazo.

Diário para o sucesso

Mantenha um diário de gratidão e reconhecimento. Todas as noites, antes de dormir, anote algumas coisas de seu dia pelas quais é grato, como perfume de flores ou pássaros cantando de manhã.

Não limite a sua gratidão ao mundo exterior. Escreva sempre algumas coisas que você reconhece e aprecia em si mesmo. Isso expande a energia de confiança e o faz *ver-se* como merecedor de encorajamento. Também cria uma ressonância de respeito próprio, uma vibração que atrairá o respeito dos outros.

Você pode ajustar seu talento para a gratidão usando o que chamo de "Pare, Largue e Pegue". Quando se sentir mal com alguma coisa, *Pare* o que está fazendo. Conscientize-se do que está ocupando seu pensamento, e então *Largue* a negatividade e diga "Posso descartar isso". Então *Pegue* imediatamente uma atitude de gratidão. Busque em seu ambiente algo pelo que agradecer. Se precisar de ajuda, tente o processo de se centralizar no coração descrito a seguir. Quanto mais o praticar, mais fácil será fazer essa mudança de energia.

Centralizar-se no coração

Quando estiver preocupado com algo, irritado ou insatisfeito, use seu poder de escolha para alterar sua consciência — da ansiedade na mente para a paz no coração. Respire fundo, feche os olhos e relaxe. Visualize seu problema erguendo-se e voando para longe. Relaxe e continue se libertando das preocupações e focando-se em sua alma. Então pense em algo que o faz feliz, pelo que você é grato. Visualize isso agora, com todos os detalhes, e coloque-se no centro do quadro. Sinta a alegria e permita-se sorrir. Você está relaxado, contente e em paz. Esse é o estado de gratidão, o sentimento de grata aceitação. Mantenha-o. E, quando retomar suas atividades, opte pela felicidade e pela paz em tudo o que faz.

Há mais de um significado para a palavra "gratidão", além de "ser grato". Gratidão também pode significar "aumentar o valor", pois sua vida será mais afortunada se você escolher ser grato por ela. Quando você se torna consciente da qualidade de seus dias, confere mais valor a eles.

Afirmações para uma gratidão eterna

- Tenho muitos motivos para gratidão! Olho ao meu redor e me sinto satisfeito.
- Vivo com alegre gratidão. Agradecendo pela minha vida, atraio mais coisas pelas quais ser grato.
- Valorizo-me e à minha vida mais e mais a cada dia. Eu mereço isso.
- Responsabilizo-me por minha felicidade. Todos os dias encontro várias coisas maravilhosas pelas quais me alegrar.

PARTE IV

Os Quatro Passos para o Sucesso

Todas as Leis Universais da Atração são influências muito reais em sua vida, mas você não pode se focar apenas na energia e na consciência. Para alcançar suas metas serão necessários um planejamento sério e ações concretas. Esse lado técnico da busca pelo sucesso exige total clareza de intenção, bem como honestidade e consciência.

Você precisa pensar claramente não só no resultado que busca como também sobre o que fará para alcançá-lo. Pode-se acelerar o processo, mas há quatro passos que precisam ser seguidos — eles se relacionam ao planejamento, à preparação e ao compromisso — e que são intrínsecos ao caminho do sucesso. Sua meta deve se tornar parte de sua vida diária, seu propósito e sua prioridade.

CAPÍTULO 19

Compromisso com a Sua Meta

Primeiro Passo para o Sucesso

"Nada é tão necessário para o sucesso como a busca resoluta de um objetivo."

Fred Smith, fundador da FedEx

Para o sucesso se tornar realidade, ele tem de fazer parte de sua vida. Não basta fantasiar sobre sua meta como um sonho distante, uma esperança futura. Se o seu plano é progredir, você tem de se engajar conscientemente nisso.

Esse é um requisito da Lei da Manifestação — se você quer criar algo concreto em sua vida, precisa primeiro tomar consciência. Se não conseguir se focar em sua meta de forma consistente e determinada, sua intenção vacilará e perambulará em várias direções, dificultando sua busca.

Para estar conscientemente focado e ser bem-sucedido, você deve:

1. Ter uma imagem vívida do objetivo desejado. Ser capaz de ver os resultados finais claramente, e de se inserir, feliz, no centro desse quadro.

2. Entender plenamente os processos específicos necessários para a busca de sua meta.

3. Estar disposto a se comprometer totalmente com o processo e com sua meta — o que quer que isso signifique em termos de tempo, esforço, foco e prioridade. Seu sonho deve estar acima de hábitos, distrações, medos, dependências e até de gratificação imediata.

A vida às vezes nos afasta de nossas metas. É fácil nos distrair com as necessidades do dia-a-dia, com hábitos e complacência. Criamos rotinas em tudo, e esses padrões começam a dirigir nossas vidas. Assim, se nossa rotina não incluía desde o começo nossa meta, podemos ter dificuldade em encaixá-la.

Um exemplo: tive um amigo que queria abrir uma empresa de consultoria. Estressava-se em seu trabalho, mas não queria sair enquanto seu próprio negócio não estivesse funcionando bem. Sua rotina incluía ir a um bar tomar cerveja depois do trabalho, engolir alguma comida pronta em frente à televisão, dormir no sofá. Como vivia sozinho, isso não era problema — até que ele resolveu abrir a empresa. Soube então que precisaria empregar esse tempo livre à noite para fazer o trabalho de base necessário, mas estava tão preso ao seu padrão que acabava se dizendo: *Amanhã eu começo*. E no dia seguinte era a mesma coisa.

Quando ele veio me procurar, eu lhe disse para definir suas prioridades e fazer uma lista das razões para começar a agir. Também criamos uma agenda que aos poucos o tirou de sua rotina. Ele primeiro deixou de parar no bar, e com esse tempo deu início a seus planos. O entusiasmo com o projeto foi crescendo, e tornou-se fácil investir mais tempo em sua meta. Ele se permitia seguir a antiga rotina uma vez por semana, mas logo não quis nem isso. Começou seu próprio negócio, e hoje ama o que faz. Obteve sucesso, mas para isso teve de se livrar de um hábito arraigado.

Freqüentemente nossos hábitos e dependências são fugas. Estamos entediados, estressados ou deprimidos e começamos a comer, beber ou ver televisão para nos afastar de nossos estados de espírito e pensamentos. Essas atividades tornam-se padrões, perpetuados pela força do hábito. E as pessoas se tornam tão aferradas a eles que se sentem pouco à vontade ou ansiosas se precisam mudá-los. São controladas por seus hábitos, e isso cria uma inércia de energia e consciência que é letal para o processo de conquista.

Uma vez ouvi a história de uma estrada de terra que liga duas cidadezinhas no Alasca, que no verão fica enlameada, pois chove muito; no inverno a lama se converte em gelo, tornando muito difícil dirigir nela. Para advertir os motoristas, na entrada há uma placa dizendo: "Tome cuidado com a rota que você escolhe; terá de seguir por ela pelos próximos 40 quilômetros".

Não seria maravilhoso se alguém nos desse a mesma advertência sobre as rotas que escolhemos para *nós mesmos*? "Tome cuidado com o hábito que escolher; você o manterá pelos próximos 40 anos!" É fácil seguir pela vida deixando seus comportamentos traçarem o caminho. Mas, aferrando-se a padrões antigos, você pagará o preço se não se libertar deles e escolher comprometer-se com suas metas.

> Perseguir uma meta importante requer grandes esforços, e ter sucesso demanda ainda mais! Toma tempo, exige foco e o desejo de priorizar seu objetivo. Empregue seu poder de escolha e torne sua meta parte de seus hábitos diários. Então a ação que empreender e as prioridades que definir se tornarão parte espontânea de sua vida. Isso é compromisso.

Quer sua meta seja perder peso, pintar uma obra-prima, ter um negócio ou se tornar milionário, você só a alcançará se comprometer-se a torná-la uma prioridade em sua vida diária. Observe honestamente a sua dedicação. Você já assumiu esse compromisso? Se não, está disposto a fazer o sacrifício necessário?

Diário para o sucesso

Você está comprometido com o sucesso de sua meta? Responda às questões a seguir para determinar se tem o que é necessário para alcançá-lo.

1. O que é preciso para você se manter comprometido em tornar sua meta realidade? Que ações tem de empreender?

2. O que você terá de deixar de lado, ou mudar, para manter o compromisso com o seu sonho? Liste os hábitos que são impedimentos, e o que precisa fazer para alterá-los.

3. Como você equilibra essa prioridade com as outras coisas importantes de sua vida? Estruture um plano que distribua o tempo gasto com suas prioridades.

Seu compromisso é uma promessa para si mesmo e para seu futuro. Se sua meta for uma prioridade em sua vida, essa paixão obterá o apoio do mundo ao seu redor. Então comprometa-se, sempre!

Afirmações para um comprometimento real

- Busco sucesso. Priorizo minhas metas sempre.
- Minha meta já está tomando forma no campo energético. Já é parte de minha consciência.
- Comprometo-me com o processo, o tempo e o esforço que minha meta requer.
- Crio equilíbrio em minha vida. Incluo minhas metas na rotina diária.
- Persigo minha meta com alegria — não interessa o quanto demorarei para alcançá-la.

CAPÍTULO 20

Estabelecimento de um Plano Passo a Passo

Segundo Passo para o Sucesso

"Para que seus sonhos sejam bem-sucedidos, você tem de vivê-los todos os dias. O sucesso só acontece com passos pequenos e constantes — um a cada dia."

Sharon Anne Klinger, autora

Traçar um plano específico pode parecer uma parte óbvia do processo de conquista, mas muitas pessoas confiam esse passo importante ao acaso. Podem ter uma vaga idéia de como alcançar sua meta, mas não vão além disso. Esse tipo de atitude só encoraja a inatividade e a postergação, desacelerando ou até impedindo o resultado que você deseja.

Um plano de ação faz que você caminhe, lhe dá diretrizes e estabelece o foco de sua energia. Tudo é criado primeiro na consciência. Então, se você quer que os detalhes de seu desejo existam na realidade, precisa antes estabelecê-los em suas atividades conscientes. O plano de ação é um mapa para o seu destino. Siga-o!

Esteja você começando um negócio ou organizando uma festa, um plano é o trampolim para o sucesso.

As considerações a seguir são fundamentais na criação de um plano e de uma intenção consciente.

1. Conheça sua meta. Pense no que quer e no processo para chegar lá. Escrever *todas* as opções o ajudará. Use a intuição e o bom senso ao considerar as alternativas. Tenha certeza do que quer, e considere suas capacidades e seu estilo de vida. Lembre-se de escolher um caminho que acenda sua paixão. Quanto mais você ama o que faz, mais energias alinha com as forças das Leis Universais.

2. Descubra tudo o que será necessário para alcançar sua meta. Você pode ter uma idéia geral do trabalho de base, mas busque mais informações para colocar em seu plano. Fale com pessoas da área escolhida e tente achar alguém para aconselhá-lo. Qualquer meta requer um trabalho prévio. Faça-o para não ter surpresas mais tarde.

3. Escreva um plano de ação detalhado. Faça um cronograma esboçando os resultados que deseja alcançar. A meta de longo prazo é o resultado final; as de curto prazo são os passos que você precisa dar; as missões imediatas são as ações diárias necessárias para você se manter em movimento.

Ter um plano estruturado manterá o seu foco, e assim você será capaz de combinar intenção com ação, o próximo passo para o sucesso.

Afirmações para um plano produtivo

- Estou disposto a fazer o trabalho de base necessário para alcançar minha meta.
- Conheço minha meta e posso criar um plano no qual trabalharei diariamente.
- Fixo minhas metas imediatas e de curto e longo prazos. Estou focado, mas flexível.
- Sou criativo e adaptável. Estou aberto a todas as opções e à abundância que o Universo tem a oferecer.
- O Universo apóia meus planos e intenções de sucesso.

CAPÍTULO 21

Ação Diária

Terceiro Passo para o Sucesso

"Cada ação nossa é uma declaração de nosso objetivo."

Leo Buscaglia

Um plano sem ação é apenas um devaneio. Agora começa o trabalho real. Não interessa se você está no começo ou no fim de sua jornada, sempre haverá alguma ação a empreender para aproximá-lo de sua meta. É preciso estar pronto para se envolver *ativamente* em cada etapa do processo. Você está disposto a fazer o trabalho ou o que quer que sua meta exija?

Não é fácil agir e realizar. Você pode falar muito sobre o que quer ou gosta de fazer, mas enquanto não *fizer* será apenas divagação. Então pare de falar sobre seus planos e comece a empreender a ação necessária para tornar sua meta realidade.

As pessoas costumam confundir importância e imediatismo. Pensam que se algo precisa ser feito *agora* deve ser mais importante que o que pode esperar. Você precisa lavar a louça e suas roupas, mas será isso mais importante que a sua meta? Se você permitir que todas as tarefas da vida se tornem prioritárias, nunca conseguirá tempo suficiente para trabalhar no que realmente importa.

A ação (ou inação) é um princípio energético. Nenhuma atividade relacionada à sua meta deve ser considerada perda de tempo, pois tudo o que você faz expande sua intenção, emite uma vibração e foca a sua consciência. Então faça algo diferente e significativo, agora.

É hora de equilibrar sua vida priorizando o que é *realmente* importante para você. Mesmo se sua meta está muito distante, não adie a preparação. Aja ainda hoje. Mesmo se achar que já fez a maior parte do trabalho, não pare agora. Siga em frente.

Dicas para a ação

Examine sempre os pontos a seguir, e aja até alcançar seu resultado final.

- Defina claramente a ação necessária para cada passo de seu plano. Crie intenções específicas para cada meta do cronograma.
- Faça uma lista de *todas* as razões para o seu desejo se tornar realidade, incluindo tudo de bom que isso trará para a sua vida. Quando estiver difícil se empolgar com o trabalho a fazer, leia essa lista e encontrará energia e determinação.
- Estruture algum tipo de ação em sua agenda. Se possível, marque-a para a mesma hora todos os dias, tendo em mente seu padrão energético pessoal — se a sua energia é baixa de manhã, não escolha esse período.
- Examine seu plano de ação diária pelo menos uma vez por semana. Avalie-o também quando completar cada tarefa e seja flexível. Se preciso, conceda-se mais tempo, mas se terminar algo antes do prazo vá logo para o item seguinte.
- Crie uma lista de prioridades. Carregue-a com você e aumente-a se tiver novas idéias. Marque cada item concluído.
- Todas as manhãs visualize a ação *daquele dia*. Crie uma imagem detalhada de onde e quando fará o que precisa fazer, e veja-se agindo com prazer. No fim do dia visualize a feliz conclusão de algumas atividades futuras.

- Imagine os resultados finais almejados, e deixe essa imagem incentivá-lo a mais ação e intenção. Sinta-a, deseje-a e empolgue-se com ela! Afirme estar atraindo os resultados desejados.

Afirmações para uma ação de sucesso

- As ações de hoje criam os resultados de amanhã. Escolho agir agora.
- Farei o que for preciso para alcançar minha meta.
- Minha meta é importante, por isso trabalho nela todos os dias. A ação transforma meu desejo em realidade.
- A cada manhã visualizo o que farei naquele dia, e torno isso uma prioridade.
- Sou paciente e persistente. Todos os dias ajo em direção às minhas metas. Sei que meus sonhos e desejos já estão tomando forma no campo energético.

CAPÍTULO 22

Descartar o Apego sem Interromper a Ação

Quarto Passo para o Sucesso

"Abra mão de seu apego ao conhecido; dê um passo rumo ao desconhecido, e você entrará no campo de todas as possibilidades."

Deepak Chopra

Para algumas pessoas esse é o passo mais difícil de entender, pois se tornam muito apegadas a suas metas. Pensam que essa vontade as motiva, e temem desistir se a descartarem, mas na verdade é o contrário. Apegando-se à sua meta você se desespera, sabotando seu sucesso e acabando com sua motivação.

Uma ação persistente começa com atitude, e não com apego. Você está determinado ou desesperado? Determinação significa uma *ação calma e contínua*, que lhe permite concentrar esforços na produtividade criativa. Já o desespero cria medo e apreensão, uma consciência que bloqueia a ação e a criatividade. E, quando você projeta uma vibração desesperada no campo energético, só poderá criar esse tipo de realidade.

> É preciso libertar-se da urgência e de qualquer pensamento que condicione seu potencial para a felicidade à obtenção de alguma coisa externa. Livre-se do desespero definindo sua meta como algo que melhora a sua vida, e não que a completa. Seja paciente e confie no cronograma divino.

Sua dose diária de "vitamina En"

Seu sucesso é um grande compromisso, pois para chegar aonde quer você precisa manter um nível de energia alto, que o ajudará tanto nos períodos produtivos como nos lentos. Você pode manter essa energia com uma dose diária de entusiasmo, que eu chamo de "vitamina En". Essa atitude é o combustível de sua intenção; confere motivação e vigor, e deve ser renovada diariamente.

A chave para se manter ativo, mas não apegado, é: entusiasme-se com o processo em si! Vibre tanto com a imagem da obtenção de seu resultado como vendo-se fazer o trabalho necessário para isso. Se você achar o processo em si envolvente, trará energia para o seu cotidiano. Veja-se vibrar com a ação que sua meta requer, e *depois* veja o final feliz, também. Mantenha essas imagens em seu coração e em sua mente, como guias.

Dicas para agir enquanto se desapega

Há muitas coisas que você pode fazer para afastar o desespero e adotar uma busca alegre e ativa do sucesso.

- Desligue-se do pensamento negativo. Se for tomado por uma energia desagradável, mude de estação. Busque um pensamento que combine com vibrações elevadas de confiança e determinação.
- Veja o valor em seu processo. Seja lá a que ação você estiver dedicado, nunca veja o caminho para o sucesso como um peso. Busque ter prazer e alegria em tudo o que sua meta requer.
- Afirme-se muitas vezes por dia. Reconheça seus recursos, sua força e suas capacidades. Você merece o melhor!
- Em todas as suas ações e decisões, mantenha a honra e a dignidade. O que quer que aconteça, nunca se afaste desse princípio. O sucesso que custa sua dignidade não é uma conquista, mas um fracasso pessoal.
- Exercite sua confiança. É impossível ser feliz, ativo ou bem-sucedido se você sempre se rebaixa, então livre-se da dúvida e da autocrítica.

- Comece a perceber todos os sucessos que já obteve. Congratule-se pelo valor que já criou em sua vida — e pelos presentes que trouxe ao mundo. Com isso outras conquistas virão.
- Aprenda como *não* ser *in*feliz. Amor-próprio e otimismo são as fundações mentais para a alegria. Liberte-se dos pensamentos que o deprimem.
- Ria mais, mesmo quando não tiver muita vontade, e visualize seus desejos como se já os tivesse alcançado. Essa combinação muda sua química, sua consciência, sua energia e seus resultados!
- Seja agora a pessoa em que quer se tornar! Como se sentirá quando seus sonhos se realizarem? Será mais alegre, brincalhão e amoroso? Pois seja tudo isso, e mais, a partir de hoje.

A vibração de sua luz interna cria a imagem que você emite. Se você sente que tem sido diminuído pelo desapontamento e pelo desespero, é hora de mudar isso. Alterne sua corrente do pessimismo para o otimismo, da dúvida para a autoconfiança. Cada alteração dessas vibrações cria um impulso positivo e emite um raio de luz para o mundo, acelerando seu sucesso com entusiasmo e alegria.

Afirmações para uma ação desapegada

- Ajo calma e continuamente a cada dia. Mantenho-me determinado, direcionado e em paz.
- Liberto-me da urgência e vivo com paciência.
- Persigo minha meta com receptividade. Estou sempre aberto a receber.
- Desfruto dos esforços independentemente dos resultados. Vivo com alegria.

PARTE V

Os Três Assistentes Invisíveis para o Sucesso

Incontáveis forças invisíveis se movem dentro e em torno de nós, influindo em nossa experiência de vida. Mas, além das forças vibracionais de que já falamos, existem três assistentes invisíveis que residem no universo energético. São as vibrações do espírito, e sua energia é tão poderosa que seria um grave erro ignorar sua ajuda.

A energia espiritual se move por toda a criação. É a força mais dinâmica dos mundos natural e sobrenatural – e capaz de realizações ilimitadas. Costumamos relegar a parte espiritual de nossa própria identidade, pois ela não parece tão importante quanto nossas necessidades físicas ou materiais. Ficamos tão ocupados tentando obter dinheiro para ser felizes que desprezamos uma das mais profundas fontes de contentamento disponíveis!

É dessa vibração espiritual que a "mágica" provém. Quando você se conecta com a força universal, liga-se à fonte de todas as coisas maravilhosas. Na alegria dessa conexão você faz milagres, e percebe que é único! Os reinos físico e etéreo são mais espetaculares do que podemos supor; e, quando você vibra no nível espiritual abre sua vida para a beleza, a abundância e a alegria.

CAPÍTULO 23

Seu Eu Superior

Primeiro Assistente Invisível para o Sucesso

"A Fonte é ilimitada. Não conhece fronteiras; é infinitamente expansiva e abundante... Para se reconectar com seu eu original, desfaça-se da dúvida."

Dr. Wayne W. Dyer

O mundo espiritual nos fornece energias maravilhosas, que têm as mais elevadas intenções e o poder de nos ajudar a alcançar nossas metas. E o seu ajudante mais próximo é você mesmo — sua alma ou eu superior (assim denominado por vibrar numa freqüência mais alta que a do seu eu físico).

> Seu eu espiritual sabe da eternidade de sua essência e de sua existência; sabe que sua expressão não termina com esta vida – um mero suspiro de pensamento na longa e gloriosa jornada do ser. Compreender essa verdade traz calma e segurança à sua experiência cotidiana, transcendendo suas percepções de tempo limitado e oportunidades restritas.

Sem essa definição eterna, o tempo é seu inimigo. Você se torna desesperado, ansioso e controlador. Essa energia confere às suas buscas pessoais uma urgência que sabota a felicidade que você almeja. Mas abraçar a ausência de tempo muda essa situação, conferindo uma abordagem mais ampla e tranqüila a tudo — incluindo suas metas.

Eu superior, poderes superiores

Seu eu superior está mais consciente de suas necessidades que você. Ele tem todas as soluções, acessa grandes campos de informação e é capaz de qualquer poder de que você precise. Mas você deve se abrir para receber esse poder. Se está confuso sobre suas opções, peça-lhe sabedoria — e coragem para seguir em frente.

Atributos como confiança, sabedoria, coragem, determinação, amor e esperança vibram dentro de seu eu espiritual. E, mesmo que você pense jamais ter experimentado essas vibrações, sua alma eterna já as vivenciou. E está disposta a trazê-las para você sempre que for preciso.

Meditação de poder

Relaxe e visualize uma luz brilhando em seu coração. Veja e sinta esse brilho. Saiba que esse é o seu eu verdadeiro e superior, capaz de lhe dar qualquer qualidade que você deseje. Apenas diga a palavra, respire fundo, relaxe e sinta essa energia preenchendo-o.

Agora tente isto: respire fundo e diga "confiança". Chame por esse sentimento do fundo de seu coração e de sua alma. Medite sobre o que sente enquanto repete o nome dessa qualidade maravilhosa. Sinta a energia da confiança crescendo, preenchendo-o e tornando-o forte, seguro e livre.

Além dessa técnica, existe a maravilhosa afirmação ensinada pelo conselheiro pessoal Tom Cratsley. Ele encoraja as pessoas a se conectarem com as forças de suas almas usando afirmações que começam com a frase *Eu me abro para a minha capacidade espiritual de...* e terminam com a intenção específica de mudar, curar, receber — o que quer que você precise no momento.

Use isso para tudo de que precisar. Por exemplo, você pode afirmar: *Eu me abro para a minha capacidade espiritual de...*

- ... confiar.
- ... livrar-me das preocupações.
- ... me perdoar.
- ... receber informação.
- ... terminar este projeto.
- ... acordar recuperado.
- ... assumir riscos.
- ... ser tranqüilo.

Seu eu superior é a parte de você que não conhece medo ou fronteiras. É a identidade de sua alma, que traz recursos inesgotáveis para sua vida e tem acesso a toda a sabedoria do Universo.

Você é parte da inteligência divina, e essa fonte de conhecimento está sempre disponível. Seu eu essencial é um poço de informações, então pergunte, silencie sua mente, medite e ouça a resposta de sua intuição.

Inspire-se

Quando você se define pela expansividade de sua alma, e não pelos limites de seu corpo e mente, abre-se para inspirações universais. Grandes áreas de dados armazenam a sabedoria eterna e o conhecimento de todas as épocas — passado, presente e futuro. Isso está sempre disponível por meio de sua conexão com o fluxo do Universo. A única coisa que o detém é sua própria resistência. Obstáculos podem surgir, sob a forma de dúvidas ou distrações, mas libertando-se desses bloqueios energéticos as respostas que você busca o alcançarão de formas místicas e inesperadas.

Einstein dizia que suas maiores descobertas aconteciam quando ele não estava pensando nos problemas. Thomas Edison tinha uma cama em seu laboratório, e freqüentemente encontrava a resposta para o que estava buscando ao acordar de uma soneca. Você também pode se inspirar, relaxar, se abrir e perguntar.

Deixe seu eu superior trabalhar

Aprenda a ouvir sua intuição e a distingui-la da voz do medo. Algumas vezes elas podem soar tão parecidas que você terá de ouvir seu coração para diferenciá-las.

> Para aumentar sua conexão intuitiva com o fluxo universal, liberte-se da ansiedade. Aprenda a relaxar e a descartar a pressa e as preocupações. Meditação constante e reflexão tranqüila o conectarão com a fonte superior.

Sempre que precisar, pense na questão com que está lidando e peça ajuda ao seu eu superior. Quando for dormir, mande seu espírito fazer seu trabalho por você. Mantenha um caderno ao lado da cama para escrever as impressões que tiver durante a noite. Seus sonhos podem trazer as respostas que você procura — anote-os e abra-se para ver a verdade que eles trazem.

A energia espiritual que está sempre com você é parte tanto de seu presente como de sua definição eterna. Sua alma não se torna maior, mais poderosa ou inteligente quando é libertada do corpo físico; só é menos atrapalhada por distrações materiais. Sua essência já tem o poder de alcançar as áreas em que a sabedoria é armazenada, e pode se conectar com todos os campos energéticos.

Afirmações para se conectar com seu eu superior

- Torno-me cada dia mais consciente de meu espírito eterno. Vivo na paz que meu espírito me traz.
- Estou aberto para a clareza, a sabedoria, a graça e o poder do meu espírito.
- Abro-me para a capacidade do meu espírito de amar e ser amado, criar, confiar e receber.
- Escuto cada vez mais a voz de minha intuição.
- Liberto-me de preocupações mundanas e adoto a paz de minha identidade eterna.

CAPÍTULO 24

Anjos, Guias e Espíritos Amorosos

Segundos Assistentes Invisíveis para o Sucesso

"Fora da janela aberta, o ar da manhã está repleto de anjos."
Richard Wilbur

O mundo espiritual é mais amplo e populoso do que se imagina. Há entidades invisíveis querendo ajudá-lo de várias formas. Esses seres — anjos, guias, seres amados e outros corações bondosos do meio energético — sempre vibram mensagens de amor e segurança para você.

Anjos

Ao longo do tempo e em quase todas as religiões acreditou-se que anjos são servos de Deus e guardiões da humanidade. Não abra mão desse poder só por achá-lo muito religioso ou estranho. Se há algo que deseja e quer, peça-lhes ajuda.

Há muitas histórias sobre a presença angelical. Um amigo com um emprego perigoso em uma fábrica me revelou que pede proteção aos anjos todas as vezes que vai trabalhar. Um dia ocorreu um incêndio, e a fumaça era tão densa que ele não conseguia encontrar a saída. Ouviu alguém chamá-lo e seguiu a voz até a porta. Mas chegando lá não avistou ninguém.

Entretanto, a assistência vinda do mundo espiritual não se limita ao meio angelical.

Guias

Exteriorize seus pedidos, pois há inúmeros guias querendo ajudar — santos ou mestres espirituais.

No início de 1940, o comediante Thomas não ganhava o suficiente para sustentar a família. Sua esposa queria que ele deixasse a área de entretenimento e trabalhasse como caixa em um mercado. Ela estava grávida, e eles eram tão pobres que Thomas chegou a achar que essa fosse sua única opção.

Ele havia ouvido falar de São Judas, patrono das causas impossíveis, e foi até a igreja local rezar para ele. Pediu um sinal para saber se deveria ou não tentar algo "mais estável", e decidiu que se nada mudasse em sua vida de comediante buscaria um emprego. Pouco depois, ele sonhou com uma ida a Chicago. Ouviu essa inspiração e logo no seu primeiro dia lá foi convidado para o elenco de alguns programas de rádio. Algum tempo depois participou de duas séries de televisão. Fundou uma companhia que criou muitos programas famosos que lhe trouxeram riqueza.

Alguns anos atrás eu estava fazendo uma palestra sobre assistência espiritual e contei histórias de como Santo Antônio me ajudava. Quando mencionei a invocação, muitas pessoas a copiaram, mas uma mulher saiu correndo. Depois da palestra essa mulher me abordou, desculpando-se por ter saído daquela forma. Explicou que fora correndo ligar para a irmã, que havia perdido o anel de noivado da avó.

Ela recitou a invocação no telefone e pediu que a irmã a acompanhasse. Imediatamente, a irmã visualizou uma gaveta na cômoda e, abrindo-a, viu o anel. Não pôde compreender, pois já havia procurado lá muitas vezes e até despejado todo o conteúdo na cama. A mulher estava muito surpresa. Eu lhe disse que não me surpreendia, porque Santo Antônio é uma alma muito carinhosa e solícita. Ela respondeu que a surpresa estava no fato de eles serem judeus.

Que fique claro que o mundo espiritual não se atém a religiões. Pode-se pedir ajuda a todos, sejam santos, Buda, profetas, anjos ou qualquer ente querido.

Entes queridos e outros espíritos

Existe uma história conhecida sobre o aclamado físico Enrico Fermi. Quando jovem, ele e o irmão Giulio estudavam física com paixão. Tragicamente, Giulio faleceu quando Enrico tinha 10 anos. Depois disso, Enrico mergulhou na leitura dos livros de física. Um dia sua irmã percebeu algo peculiar, e perguntou-lhe como alguém com 11 anos poderia entender um livro em latim. Enrico respondeu que havia compreendido o conteúdo sem nem perceber que a língua lhe era estranha.

Algumas pessoas dizem que seu irmão traduzia o livro para ele. Outros acreditam que ele foi ajudado por um anjo, e outros que ele simplesmente possuía essa habilidade. Qualquer que seja a fonte desse conhecimento milagroso, ele o utilizou para tornar-se um *expert* em energia nuclear e ciência radioativa.

Não tenha medo de pedir ajuda a todas as fontes possíveis. Qualquer que seja a fonte da ajuda, todas as histórias têm algo em comum: a assistência não se originou no mundo material. Veio do mundo energético, lar das personalidades caridosas que cuidam dos nossos interesses. Há muita informação e energia vibrando ao seu redor.

Afirmações para se conectar com as energias espirituais caridosas

- Assistência amorosa, venha para mim. Estou aberto e agradecido.
- Anjos, agraciem minha vida com bondade e compaixão. Estou protegido e assistido.
- Se tenho uma pergunta ou problema, devo apenas pedir. Sempre recebo as respostas de que preciso, e agradeço por isso.
- A prece traz poder e propósito à minha vida. Rezo com paz e tranqüilidade.
- O Universo é repleto de boas intenções. Conecto minhas intenções com esse rio abundante.

CAPÍTULO 25

A Presença Divina

Terceiro Assistente Invisível para o Sucesso

"Estamos tão imersos em problemas que não escutamos a Melodia Divina. Se pudéssemos ver, entender ou ao menos sentir a presença do Todo, o que não conseguiríamos fazer?"

Ernest Holmes

A divina fonte de toda a criação existe em cada onda e partícula do cosmo. Se você renega essa força poderosa, seus sonhos poderão morrer de fome espiritual. Mas, vendo o divino como provedor da vida e co-criador de sua existência, você nutrirá suas energias com poder ilimitado.

Você precisa perceber seu valor e o de sua vida eterna, livrando-se do julgamento e da falta de auto-aceitação, pois isso nega o sagrado inato do seu eu humano. Seu sucesso pessoal e espiritual está ligado à sua auto-imagem. Você é uma criança de Deus e a forma como se trata é uma declaração para Ele sobre Sua capacidade de amar um de seus tantos filhos.

Se você não integrar a presença divina ao modo como se vê, a vibração mais atraente do Universo estará bloqueada dentro de você. Esse é o principal mal da humanidade: milhões de pessoas sentem sua fonte vital de energia condenada dentro de seus corações partidos. É um sentimento de perda doloroso e deprimente, que pode forçá-lo a buscar gratificações externas — vícios, aquisições desenfreadas e fugas. Porém, nenhum prazer externo satisfará uma alma vazia.

> É necessário mudar sua energia. Aproximar-se do divino requer afastar-se do ódio, do desamor por si mesmo e pelos outros. Uma conexão ampla requer que você mude suas intenções e faça novas escolhas todos os dias. Abra-se para Deus, evite conflitos, abrace a paz e mova-se sempre em direção ao amor.

O coração divino

O caminho para o divino não é longo — apenas a distância entre sua cabeça e seu coração. Não olhe para o céu, pois sua conexão não está lá; medite sobre seu próprio coração.

Outra forma de conexão com essa presença poderosa é a prece sincera. É a forma mais conhecida de cura, proteção e inspiração. Uma oração alcança locais desconhecidos do mundo energético, trazendo resultados que nada mais poderia obter.

Qualquer que seja a razão da oração, as palavras e os pensamentos não precisam ser formais ou criativos, mas apenas vir do coração. Permita-se abrir os canais de comunicação quando quiser se liberar ou curar; peça aquilo que deseja e agradeça pelo que obtém. Expresse gratidão em tudo o que faz e isso será uma invocação viva.

Há muitas histórias sobre atletas, inventores, astros de *rock*, atores etc. que atribuem seu sucesso à relação com Deus. Não encare isso como mero sentimentalismo. O poder ilimitado do divino é seu apoio mais sólido, e seu co-criador mais amoroso e solícito. Abra-se para essa conexão e sentirá o poder de mudar sua vida em cada respiração. Coisas ótimas podem acontecer em sua vida, também. Na verdade, não há feito maior que a conexão com Deus.

Afirmações para viver na presença divina

- Sou abençoado pelo amor de Deus.
- Descarto o medo e a autopunição. Sou merecedor; vivo envolto pelo divino.
- Todo momento de conexão divina traz o poder de mudar a vida.
- Vejo o divino em todas as pessoas. A consciência divina nos conecta.
- Sinto o poder da oração em minha vida. Por meio da oração e do amor eu me conecto com a assistência incomensurável do Universo.

PARTE VI

Os Dois Obstáculos para o Sucesso

Às vezes a sua busca pelo sucesso parece encontrar um obstáculo após o outro. Tudo dá errado, você não aproveita as oportunidades, a economia vai mal, acontecem imprevistos no caminho.

Esses obstáculos parecem ser circunstanciais, alheios ao seu controle, mas não acredite nisso. Não são coincidências, mas sim as respostas energéticas à sua ressonância pessoal. A boa notícia é que você pode mudar o que cria!

A vida é um processo, uma sucessão de experiências — boas e ruins. Energeticamente falando, o que faz a diferença não é o que lhe acontece, mas como você reage. Não importa o que aconteça ou quanto tempo leve para alcançar o sucesso, você pode escolher continuar agindo. Agora e sempre, você tem o poder de mudar e ver suas metas virarem realidade.

CAPÍTULO 26

Compromisso com Crenças Limitadoras

Primeiro Obstáculo para o Sucesso

"Acredite que vai ter sucesso. Acredite firmemente e então você fará o que for necessário para alcançá-lo."

Dale Carnegie

Suas crenças geram tanto sua energia como seu destino, e por isso são o maior fator determinante de seu sucesso. Dúvida e limitação são idéias muito prejudiciais. Se você duvida do sucesso, cria isso em sua consciência — e sua consciência o cria na realidade.

Você pode fazer planos e empreender a ação necessária, mas se sua atitude for de dúvida não obterá uma resposta do mundo. Se sua energia é cheia de medo e limitação, você irá nadar contra a maré. O caminho para o sucesso vem da escolha de convicções fortes e otimistas.

Você obterá aquilo em que acredita – e não o que deseja ou espera. Suas crenças são o combustível do motor cósmico, seu mecanismo de manifestação. Se você adota suposições limitadoras, projeta uma consciência de limitação e atrai restrições. Mas crenças ilimitadas produzem resultados positivos, e abrem sua vida para uma recepção abundante.

Bloqueio de pop-ups *negativos*

Quando você pensa na palavra *dinheiro*, o que vem à sua mente? Para muitas pessoas, isso gera pensamentos de falta e sentimentos de medo e desconforto. E para você? Agora pense em sua meta. Qual é a resposta? Sentimentos de empolgação ou de preocupação e dúvida?

Seus pensamentos são como os *pop-ups* da internet. Você está trabalhando em algo e de repente abre-se uma janela indesejada. Algumas vezes pode ser só um pensamento rápido, mas freqüentemente a negatividade é intensa, enchendo a "tela" de sua mente. Quando isso acontece, sua única opção é parar com tudo, "restartar" e recomeçar com um novo pensamento. E, quando conseguir estabelecê-lo, determinar-se a bloquear o que for indesejável.

Visualização positiva

Pense em uma imagem positiva e feliz; pode ser uma sua com ótima aparência, ou alcançando uma meta, ou em uma atividade prazerosa. Detalhe essa imagem e junte a ela uma palavra ou frase positiva. Sempre que se vir em um estado de espírito negativo, volte à imagem. Continue focando-a até perceber que seus sentimentos estão mudando, passando a ser mais positivos em relação a você e à sua vida.

Use essa técnica sempre que se vir em uma situação difícil. Idéias limitadoras bloqueiam o seu sucesso e criam exatamente o oposto do que você está buscando.

Não interessa em que você acreditou no passado, é preciso se livrar desses pensamentos agora. Você tem o poder de descartá-los.

Verdade

A lista a seguir representa algumas das crenças limitadoras mais comuns em relação ao sucesso. Com quais delas você se envolve mais? Identifique as que você já teve, e então escreva suas novas verdades em fichas. Carregue-as com você e leia-as sempre que possível.

CRENÇA LIMITADORA	VERDADE PESSOAL
Não sou suficientemente bom (inteligente, atraente) para fazer isso.	Sou suficientemente bom (inteligente, atraente) para alcançar o sucesso. Acredito em mim e em minha habilidade de criar um grande futuro.
Preciso ser perfeito. Tudo tem de ser perfeito. Tenho de ser aceito por todos.	Eu me aceito. Aceito quem sou e o que faço sem julgamentos.
Como posso obter sucesso? Nunca o consegui antes.	Liberto-me do passado. A cada momento crio uma energia nova e positiva.
Não tenho dinheiro (educação, sorte) suficiente para obter sucesso.	Tenho tudo de que preciso para criar o futuro que almejo.
Não há bons empregos (mulheres, homens, oportunidades) para todos.	O Universo é abundante. Há muitos bons trabalhos (mulheres, homens, oportunidades) para todos conseguirem sucesso e uma vida feliz. Estou atraindo essa abundância agora.
As coisas sempre vão mal para mim. Não tenho sorte.	Reconheço as boas coisas da minha vida. Atraio mais circunstâncias felizes. Tenho sorte e sou abençoado.
O que estou fazendo agora não é bom o suficiente. Tenho de fazer, ser e ter mais.	O que estou fazendo agora tem valor, assim como eu. Vejo-me bem-sucedido agora.
Devo sempre lutar pelo melhor. Não posso me aceitar como sou.	Sou valoroso. Não tenho de ser ou agir diferentemente. Eu me aceito, acredito em mim e reconheço o meu valor, sempre.
Não posso ser feliz antes de obter sucesso. Tenho de me apressar para isso.	Sinto-me bem e crio satisfação em minha vida atual. Sei que uma atitude calma e feliz atrai sucesso e alegria, então sempre a busco.

Seja positivo

Pensamentos limitadores são apenas uma forma de preocupação, e quando você projeta ansiedade em um problema só aumenta a energia desse obstáculo. Inquietação, medo ou dúvida não ajudam a gerar soluções. Encha sua vida com uma forma afirmativa de enxergar as coisas.

> Seu sistema de crenças é o que mais lhe causa sofrimento. Prazos de trabalho, relacionamentos ruins ou falta de dinheiro são apenas coisas nas quais se tenta jogar a culpa. O desespero causado pelo medo e pelo julgamento é que o torna infeliz.

> Não se prenda mais a isso! Descartando o desespero, você adotará a verdade de seu potencial ilimitado. A alegria e a liberdade decorrentes farão da preocupação uma coisa do passado, dando-lhe uma força inimaginável.

Que pensamento limitador mantém você amarrado? Que força pessoal você está rejeitando só porque lhe disseram quando criança que ela não existia? O que quer que lhe tenham dito, você é mais poderoso do que pensa.

O Universo diz "Sim!" para aquilo em que você acredita — seja lá o que for. Positivas ou negativas, as suas conclusões sempre definem o destino de seus sonhos.

Afirmações para libertar-se de crenças limitadoras

- Liberto-me da dúvida. Sempre que pensamentos de limitação me vêm à mente, bloqueio-os com uma idéia positiva. Vejo minha meta alcançada.
- Liberto-me da preocupação e vivo com confiança. Tenho o poder de tornar meus sonhos realidade.
- Acredito em mim e em minha habilidade de ter uma vida feliz e bem-sucedida.
- Não há nada que eu não possa conquistar. Não há limites para o poder de mudar meu pensamento, minha energia e minha realidade.
- Descarto o pensamento negativo. Substituo-o por pensamentos positivos, confiantes e incentivadores.
- O Universo diz "Sim!" àquilo em que acredito. Creio em minha oportunidade ilimitada de sucesso.

CAPÍTULO 27

Desistir Cedo Demais

Segundo Obstáculo para o Sucesso

"Enquanto uma pessoa hesita por sentir-se inferior, a outra está ocupada cometendo enganos e se tornando superior."

Henry C. Link

Muitas pessoas nunca obtêm sucesso porque desistem quando as coisas ficam difíceis. Conquistas reais exigem tempo, energia, foco e paciência. Seu desejo tem de ser constante, pois talvez isso seja a única coisa que o ajudará em tempos difíceis.

Pode parecer paradoxal dizer "Sonhe alto, mas seja realista", mas não é. Você deve ter grandes ambições, e também estar disposto a investir tempo, esforço e ser flexível para torná-las reais. Não se fixe em uma única opção, pois isso cria uma urgência que sabota a energia de sua intenção. Seja persistente mas tranqüilo, focado mas flexível.

Vá até o fim

Há muitos casos de pessoas que se recusaram a desistir frente a dificuldades. Por exemplo:

- Clark Gable já havia feito papéis menores em Hollywood quando um grande produtor lhe disse que ele nunca teria o carisma de um ator principal. Ele seguiu em frente e acabou sendo o astro de ... *E o vento levou*.

- Nelson Mandela passou 27 anos na prisão. Após a libertação, ele voltou a se dedicar a combater o *apartheid* na África do Sul. Recebeu o Prêmio Nobel da Paz e foi eleito presidente na primeira eleição-geral do país.
- Michael Jordan foi cortado do time de basquete de sua escola.

Aqui estão algumas estratégias que podem ajudá-lo a manter suas intenções e sua energia para ações.

- O que quer que aconteça, nunca deixe a insegurança se infiltrar. Sua consciência e sua energia *precisam* vibrar com determinação — não interessa quanto tempo dure sua busca.
- Seu sucesso não depende de eventos específicos. Nunca atribua valor demasiado a um projeto ou questão, pois isso cria uma energia desesperada e afasta o resultado desejado. Escolha uma opção alternativa e siga em frente.
- Não seja impaciente. Acalme-se e siga seus planos enquanto aproveita o processo — e sua vida.
- Pare de se comparar aos outros, ou de invejá-los; esses comportamentos o tornam pequeno e repulsivo.
- Não foque no que está indo mal; concentre-se no que vai bem e tente multiplicá-lo. Quando algo não funcionar, desapegue-se e renove sua determinação de seguir em frente.
- Viva com gratidão. Reconheça e celebre o que você tem.
- Crie um cronograma, mas não fixe limites de tempo. Se algo demorar um pouco mais do que você previu, não desista.
- Descarte o arrependimento. Divagações sobre o passado aumentam a resistência no presente. Pare de remoer velhos erros e olhe para a frente.
- Saia de sua zona de conforto. Assuma riscos — faça algo novo, diferente e ousado! Liberte-se de seus medos e arrisque-se.

- Nunca defina seus contratempos como fracasso. Quando você aprende o que não funciona, pode descobrir o que *funciona* – e aproximar-se de seus sonhos.
- Seja realista quanto ao que precisa alterar. Mudanças podem ser seguras e trazer sucesso, então seja flexível e aberto.
- Nunca perca seu senso de merecimento. O que quer que aconteça, você ainda é digno de ter o melhor.
- Não desista! Tenha fé, esteja aberto para oportunidades incríveis e busque um milagre. Melhor ainda: *seja* um milagre.

Tive uma amiga paisagista que cultivou um tipo raro de bambu que demora muito tempo para se desenvolver. Mesmo assim ela cuidava do solo nu, regava-o, tirava as ervas daninhas e até falava com a planta para incentivá-la.

Seus amigos e a família achavam que ela estava louca, pois fez isso por mais de quatro anos sem nenhum resultado aparente. Mas ela insistiu, pois sabia das particularidades daquela espécie. E finalmente, no quinto ano, o bambu brotou. E cresceu quase 15 metros no período de um ano! A planta passara todo aquele tempo fixando raízes suficientemente fortes para suportar esse rápido crescimento.

Cultivar o sucesso exige o mesmo tipo de zelo. Se criar uma base sólida, seu sucesso crescerá forte, abundante e belo, para todo mundo ver!

Afirmações para uma perseverança incansável

- Não importa o que seja preciso, estou disposto a perseverar.
- O que quer que aconteça, continuarei agindo.
- Qualquer dificuldade é uma nova oportunidade. Renovo minha determinação e meu foco a cada mudança.
- À medida que me aproximo de minha meta, reavalio-a e faço os ajustes necessários.
- Liberto-me da impaciência. Cultivo uma atitude de sucesso em tudo o que faço. Confio e sigo em frente.

PARTE VII

O Único Caminho para o Sucesso

Ao harmonizar-se com as Leis Universais da Atração, você com certeza sentirá sua energia e sua consciência se alterando, e logo os aspectos exteriores de sua vida acompanharão essa mudança. Mas a transformação mais importante será na qualidade emocional de tudo o que você vivenciar, na alegria que preencherá sua vida.

Esse processo cria um efeito dominó em sua manifestação. Quando você muda sua percepção, torna-se mais feliz, o que altera sua energia pessoal; e isso acabará alterando o que você atrai para a sua vida. Assim sendo, o fator crucial da manifestação contínua e ilimitada é a intenção de gerar felicidade aqui e agora. Então, seja o sucesso que você quer se tornar, e viva com a felicidade que quer alcançar. Não espere mais um momento sequer para adotar a atitude de que sua vida é desde já uma aventura maravilhosa.

CAPÍTULO 28

Viver com uma Consciência Positiva e Bem-Sucedida

O Único Caminho para o Sucesso

"... só uma visão positiva pode gerar o entusiasmo pela vida. Este é um mundo empolgante... Bons momentos esperam por você a cada esquina."

Richard M. DeVos

Como têm sido os seus dias? Você tem sido feliz e tranqüilo como deveria? Se não, o que acha que é preciso para isso? Talvez você ache que seria necessário ter mais dinheiro, mais bens ou uma relação amorosa; ou acredite precisar de um novo emprego ou de uma carreira diferente para obter a satisfação que procura. Cuidado! Essas idéias só o tornam infeliz no presente, sabotando sua energia e sua intenção pura. Você está criando uma consciência de necessidade que impede que as coisas que busca cheguem até você.

Não confunda riqueza e bens materiais com ser feliz. Energeticamente falando, o dinheiro não traz sua felicidade — ela é que lhe traz a abundância! O prazer que você tem na vida magnetiza as coisas que acha que lhe trarão mais satisfação.

O esforço para alcançar a felicidade nunca deve ser condicionado ao alcance de suas metas. Mas muitas pessoas estão tão desesperadas por coisas materiais que nem desejam ser felizes enquanto não as conseguirem. Essa é uma visão muito infantil e imatura, a versão adulta do "A bola é minha e vou embora com ela". Se você se recusa a participar do jogo por não ter conseguido o que quer, se isola do fluxo universal e bloqueia a felicidade que poderia vivenciar.

Por que é tão difícil ter prazer com nossas experiências? Por que — em um dos períodos mais abundantes da história — há tantas pessoas totalmente infelizes? A resposta pode ser encontrada em duas escolhas que tendemos a fazer. A primeira é julgar em vez de valorizar. A segunda é viver na inveja, e não na gratidão. Isso pode fazer que nossa felicidade seja corroída pelo ressentimento.

Suspensão do prazer

As pessoas tendem a só ver diversão nas atividades excepcionais da vida, rejeitando o potencial de alegria do resto do tempo. Isso gera uma cisão cada vez maior entre a qualidade de sua rotina e a vivência de seus períodos "especiais". Pense na consciência que isso cria em relação ao seu cotidiano! Se você só vê glamour no incomum e rejeita os prazeres do trivial, sentirá um enorme vazio a maior parte de sua vida.

Você pode encontrar a felicidade escolhendo valorizar *todas* as experiências de sua vida. Pode buscar uma atitude mais divertida, uma abordagem nova e leve em relação a suas atividades diárias. Isso não deve ser apenas uma prioridade ocasional, e sim uma intenção suprema — manter a energia da gratidão do começo ao fim de seu dia.

Há um poema da Idade Média intitulado "Jacintos", que expressa muito bem esse sentimento, e diz mais ou menos assim:

Se só lhe restaram dois pães,
Venda um deles, e com o dinheiro
Compre jacintos para alimentar sua alma.

Não interessa a estação do ano, você sempre pode se perguntar:

O que alimenta a minha alma? Pense na energia maravilhosa que criará se viver a vida com gratidão. Sua ressonância de felicidade interior será totalmente irresistível!

Transpor a suspensão do prazer não significa complacência com desejos materiais; é um contentamento mais profundo, que vem de uma total gratidão pelo "aqui e agora". A felicidade real é uma escolha, e não apenas algo que nos acontece. Escolhendo ser alegres no presente, criamos a energia que perpetua essa emoção sempre e em todos os lugares.

A síndrome de Salieri

O filme *Amadeus* é uma versão fictícia da vida de Wolfgang Amadeus Mozart. Além de demonstrar o gênio do músico, relata a história de Salieri, um compositor aclamado na corte de Viena, mas que invejava o talento de Mozart e tornou-se obcecado com essa competição que ele mesmo criou. Salieri não se sente apto a competir com a beleza das composições de Mozart, e isso acaba com sua capacidade de ser feliz.

Essa é uma grande metáfora do sofrimento enfrentado por muitas pessoas — a atitude competitiva que gera a inveja daqueles que têm mais. Se sente que algo está lhe faltando, esse anseio só fará você se afundar nessa realidade. Mas você pode sair desse buraco alterando seu foco — o foco obsessivo no que os outros têm apenas cria uma energia que manda mais coisas boas na direção *deles*, e não na sua!

Em vez disso, você pode ver a vida dos outros e alegrar-se por eles. Mais importante: pode olhar para o que *você* possui e alegrar-se por si mesmo. Não precisa acreditar em que necessita mais para se satisfazer. Se você está infeliz, não é porque não tem o emprego, o carro ou a casa certos; é porque não tem a atitude certa. Você não tem de mudar as circunstâncias de sua vida, mas apenas o significado que dá a elas. Deve escolher a gratidão genuína pelo que *tem* — agora.

O fator felicidade

Sua consciência está sempre em processo de criação. Você precisa dirigir essa energia para as experiências que deseja, não para as condições de que está querendo se livrar. Se continuar se focando em seus problemas, será isso que atrairá. Então, dirija sua atenção para as soluções.

Por trás de cada busca pessoal está o desejo de ser feliz; mas a maior conquista vem de se fazer isso diariamente. A felicidade é o fator dentro da equação, não o seu produto. Você precisa de uma abordagem feliz de sua vida se quer criar uma consciência de sucesso.

A felicidade não é um evento futuro; é uma escolha presente. O sucesso não é um resultado específico; é um estilo de vida.

Divirta-se no* playground *universal

Ter uma atitude de diversão em relação a tudo ajuda a projetar uma energia muito alta. Em vez de olhar para o dia à sua frente e ver apenas uma chateação sem fim, você pode resolver se divertir. Liberte-se de seu pavor das tarefas diárias. Em vez de se queixar de ter de limpar a casa, seja grato por ter um lar!

> Envolva-se em suas tarefas com mais criatividade e prazer, e busque a beleza em seu ambiente. Escute músicas que o inspirem ou animem, compre flores para si mesmo, dance e cante enquanto trabalha. Lembre-se de que, mais do que qualquer outra coisa, é a sua energia diária que determina o seu destino.

A coceira quântica

O riso é uma das atividades que estimulam impulsos elétricos em todas as partes do cérebro. Também afia seu pensamento, aumenta a criatividade e a energia, reduz o estresse e o torna mais produtivo. Rir aumenta o nível de serotonina e causa uma sensação de bem-estar.

O conselho de cultivar o bom humor não é apenas um clichê; é uma força energética. Viver com alegria eleva sua ressonância e ajusta-se com a emoção que você está tentando alcançar por meio do sucesso. As Leis Universais são claras: sua atitude em relação à vida a moldará.

Você pode moldar seu destino com pessimismo ou com otimismo, com diversão ou com sofrimento, e tomará essa decisão muitas vezes por dia. Então, decida-se a desfrutá-lo, e o Universo responderá de acordo.

Carisma quântico

Quando você pensa em pessoas que têm carisma, algumas características lhe vêm à mente. Elas têm uma alegria de viver que contagia o que fazem e as pessoas ao seu redor. Têm energia, entusiasmo, e uma tranqüila dignidade permeia sua vida. Você também pode criar esse tipo de atitude agora e mudar completamente a direção de sua vida.

O que você priorizar será o que obterá a resposta do Universo. Então, mantenha seu foco na solução, nunca nos problemas. Cada mudança que fizer, mesmo uma pequena alteração na consciência, pode criar uma grande transformação em sua realidade. O mundo é cheio de opções, e o grande campo de todas as possibilidades quer lhe conceder seus sonhos. Pare de resistir e abra-se para receber.

É hora de se encaminhar para a realização de seus maiores sonhos. Seu destino já está tomando forma no campo energético. Testemunhe a energia milagrosa dentro e fora de você, e em breve um futuro cheio de milagres vai se revelar.

Afirmações para viver com uma consciência de sucesso

- Cada momento de minha vida é especial. A gratidão é minha escolha constante.
- Estou sempre disposto a mudar vibrações negativas, limitadoras ou temerosas. Minha consciência otimista atual e minha energia positiva são meu maior sucesso.
- Vejo tudo que faço como uma oportunidade de sucesso. Vivo com alegria.
- Sou feliz e escolho desfrutar da vida. Sorrio, me divirto e assumo mais riscos!

POSFÁCIO

A força universal é a sua força. A luz universal é a sua luz. A energia de todos os tempos e espaços vibra dentro de sua consciência eterna, envolvendo-o sempre em atos de criação.

Você está criando seu futuro agora, trabalhando cuidadosamente na fabricação do destino, produzindo energia, informação e expectativas que serão reunidas em seu veículo para experiências futuras. Ele pode ser um carrinho barato que sempre precise de reparos ou um carro de luxo que corra muito e o leve para destinos magníficos. Só depende de você, pois é você que o constrói, monta e dirige em cada momento de sua vida.

Envolva-se nesse processo pelo tempo que for necessário, e releia este livro em várias etapas de sua busca de sucesso. Lembre-se de todas as forças que tem à sua disposição — três delas são prioritárias se você quer mudar seu futuro.

As três chaves para a criação do destino

Todas as forças são importantes no estabelecimento de um destino dinâmico, mas há três partes fundamentais de sua natureza que merecem especial atenção.

Consciência

Sua consciência cria sua realidade, então cuide de só se envolver em noções positivas. Para isso, saiba exatamente onde está seu foco mental a cada momento. Quanto mais você se concentra no valor e na alegria em sua vida, mais essas experiências se expandem. Para manter-se no caminho, lembre-se do seguinte:

- Esteja consciente de seus pensamentos e de como eles afetarão seu futuro.
- Não fique obcecado com o que está indo mal. Foque-se no que está indo *bem*, e atenha-se somente a essa imagem.
- Tenha sempre uma percepção positiva e amorosa de si mesmo.
- Não priorize, em sua consciência, o que lhe falta. Reconheça as boas coisas em você e no que tem.
- Crie imagens empolgantes para você e seu futuro. Veja essas imagens em sua mente várias vezes por dia.
- Transforme qualquer pensamento pessimista em uma conclusão otimista. Lembre-se de que o mundo é repleto de oportunidades. Espere o melhor e você o terá.

Energia

Tudo o que lhe acontece é resultado do que você emite. Se quiser atrair situações de sucesso e pessoas que o ajudem a criá-las, sua ressonância deve vibrar com crenças, emoções e pensamentos positivos.

- Opte sempre por dar apoio, encorajamento e crédito a si mesmo. A energia da confiança começa com o auto-reconhecimento. Se você não reconhecer seu valor, convidará o mundo a fazer o mesmo.
- Não há nenhum valor energético em uma visão pessimista. Não interessa o que esteja acontecendo ao seu redor, você pode enxergar além dos problemas e se abrir para receber as soluções.
- Descubra seu real propósito. Parte de sua missão é se conectar com seu espírito, então aprenda mais sobre quem você é e por que está aqui. E, quando descobrir, honre isso.

- Cada novo segundo oferece uma oportunidade de mudança em sua vibração energética. Mesmo se você estava cheio de negatividade um minuto atrás, pode escolher outra vibração agora. Perdoe-se e liberte-se do passado.
- Viva com amor e gratidão profunda. Mande amor para as pessoas com quem convive e os projetos em que está envolvido. Seja grato por tudo o que é e tem.

Intenção

O sucesso real é motivado pela pureza, nunca pelo medo. Se o que o motiva a perseguir suas metas é inserir em sua vida mais propósito e felicidade, suas intenções serão dirigidas ao Universo para que ele o assista de todas as formas possíveis.

- Nunca faça de suas metas sua única fonte de felicidade e valorização. Isso só criará urgência e desespero, energias tóxicas que afastarão seus sonhos.
- Assegure-se de não estar envolvido em intenções conflitantes. Se quiser sucesso em algo, tenha certeza de que o merece e de que isso pode ser alcançado. Não cancele seu pedido ao Universo com dúvidas e crenças contraditórias.
- Liberte-se de qualquer apego emocional a suas metas. Descarte a necessidade, a urgência e o desespero. Busque satisfação no processo e verá valor no final.
- Crie uma intenção diária de conexão com a Inteligência Universal. Quanto mais você faz dessa proposta uma parte ativa de sua vida, mais sua energia se harmonizará com o campo abundante de todas as possibilidades.

Compartilhe o sucesso

A consciência, a energia e a intenção determinarão seu sucesso pessoal, mas não se esqueça de que sua vibração também se expande no mundo para criar o destino de toda a humanidade. A natureza ampla dessa influência significa que você tem poder em todos os lugares. Suas intenções têm um impacto tão grande sobre a sua própria vida quanto sobre o sucesso de nossa espécie.

Cada idéia de julgamento ou autocrítica aumenta o impulso negativo no mundo, ao passo que cada foco afetuoso aumenta o positivo. Quando aprendermos a vibrar em um nível mais amoroso, não apenas revelaremos um destino brilhante para nós mesmos como também conferiremos uma vibração mais elevada e promissora para o destino da humanidade.

Boas vibrações

Escolha sempre opções otimistas. Comece com as declarações do fim de cada capítulo, e depois adicione as suas próprias. Cada momento traz uma oportunidade energética para você, então escolha sempre uma percepção elevada de si mesmo, de suas metas e do mundo.

Não ache que isso é uma fantasia idealista; trata-se de uma verdade científica que você não pode ignorar. Sua energia vibra incessantemente para cada célula e experiência. Sua opção de vibrar em um nível mais alto e promissor não pára nem por um momento. Agora mesmo você pode tomar uma decisão que tem o poder de mudar sua vida para sempre, então decida-se por uma atitude cheia de entusiasmo, alegria e esperança. Seja a felicidade que você almeja, e receberá bênçãos incontáveis!

AGRADECIMENTOS

Gostaria de reconhecer minha gratidão e expressar meu amor por:

A Consciência Divina que vive em todas as coisas e ama de todas as formas.

Minha querida família: Sarah Marie Klingler; Benjamin Earl Taylor, Jr.; Vica Taylor; Jenyaa Taylor; Sheri Klingler; Devin Staurbringer; Yvonne e Earl Taylor; Kevin e Kathryn Klingler.

Minha família de coração: Barbara Van Rensselaer, Marilyn Verbus, Ed Conghanor, Julianne Stein, Melissa Matousek, Tom e Ellie Cratsley.

A maravilhosa família formada por minha editora: Louise Hay, Reid Tracy, Jill Kramer, Shannon Littrell, Jessica Vermooten, Jacqui Clark, Richelle Zizian, Christy Salinas, Charles McStravick e *todas* as pessoas encantadoras da Hay House.

Minha família no trabalho: Noreen Paradise, Rhonda Lamvermeyer e Karen Gray Price.

Minha família espiritual: Anna e Charles Salvaggio, Ron Klingler, Rudy Staurbringer, Flo Bolton, Flo Becker, Tony, Raphael, Jude e o Espírito Santo.

E, finalmente, para você, leitor: obrigada pela luz que você traz ao mundo. Que Deus lhe conceda felicidade e bênçãos abundantes, sempre.

SOBRE A AUTORA

Sandra Anne Taylor é psicoterapeuta há mais de vinte anos. Realiza palestras pelo mundo sobre as leis energéticas da manifestação e os mecanismos quânticos da consciência. É co-fundadora da Starbringer Associates, que produz seminários em áudio sobre crescimento pessoal e empresarial. É autora do *best-seller Secrets of Attraction*, dos nove CDs de seminários em áudio *Act to Attract* e de vários títulos de visualização assistida.

Sandra vive em Ohio com o marido e duas filhas, que foram adotadas na Rússia. É co-fundadora da Forever Families Foundation, organização sem fins lucrativos que auxilia famílias nos gastos e na experiência da adoção. É coordenadora de Ohio do Projeto Esperança, um programa que aloca órfãos em possíveis lares adotivos.

Contatos:
P.O. Box 362
Avon, Ohio 44011
www.sandrataylor.net
www.starbringerassociates.com

Fotografia da autora:
Portrait Innovations

A ciência do sucesso foi impresso em
São Paulo/SP pela Quebecor World São Paulo Ltda.,
para a Larousse do Brasil, em maio de 2007.